危機でも大丈夫！

「小さな会社」のつくり方・変わり方

山本憲明
Noriaki Yamamoto

はじめに

「新型コロナウイルス」が猛威を振るった２０２０年は、有名人が亡くなったり感染したりして、社会は恐怖に包まれました。どこにあるかわからない目に見えないウイルスであることから、外に出て人と接触することを避けなければならなくなり、学校は休校やオンライン授業を行い、会社ではテレワークが浸透しました。

新型コロナウイルスはすぐになくならないでしょうし、これからも新しい強固なウイルスが襲ってくるかもしれません。経済活動が制限されるようなこの状況は、これからも続くでしょう。さらに、それがスタンダードになることさえ考えられます。

本書は、そのような新しい時代において極小の会社をつくり、その会社をうまく経営していくことで、経済活動が制限されたり不景気になったりしても、問題なく生きていけるようにすることを目的としています。

経済界は、これからますます二極化が進むでしょう。

このような時代にうまく対応できる会社の業績は伸びていき、対応ができない会社はどんどん弱っていきます。弱った会社では、多くの人を雇用することが難しくなり、あふれ出してしまう人が出てくるはずです。

新型コロナ危機のように人の動きが制限されるようなことがこれからも起こり、人口減社会にもなることから、経済は縮小していくでしょう。そうなると旧来の大量生産・大量消費スタイルが合わなくなるので、1人で何かをやっていきたいと考える人も増えてくるに違いありません。

そのような人たちのために、どのような会社をつくり、どのように計画を立て、どのように仕事をして生きていけばいいか、ということを書きました。また、すでに会社や個人事業を起こしている人が、このような危機が起こりやすい時代にどう考え、どう経営していけばいいかを示しています。

困難な時代と言われますが、私は逆にチャンスだととらえています。経営や投資の観点を身につけ、誰もが自分の会社や自分の事業を持って進んでいける時代になればいいなと思います。

ぜひ本書を読み進めていただき、自分のやるべきことを見つけ、それを記録して実行してみてください。本書が、あなたの人生を少しでもいい方向に変えていく一助になれば、とても嬉しく思います。

山本 憲明

危機でも大丈夫！「小さな会社」のつくり方・変わり方◎目次

第1章 危機で折れない自分と会社をつくる

第2章 危機を教訓に「シフトチェンジ」する

第3章 これからの会社はなるべく小さくする

第4章 売上が減っても潰れない会社をつくる

第5章 人と会わなくても利益を出せる会社をつくる

第6章　「ストック経営」から「フロー経営」へ転換する

第7章　人生設計に基づき、会社を設計する

第8章 欲を捨て、自分の幸せを摑む

○カバーデザイン：相京厚史（next door design）

第 1 章

危機で折れない自分と会社をつくる

1 ウイルス危機で考えたこと

私が言うまでもありませんが、新型コロナは、世界中に大きな嵐を巻き起こし、世界を変えてしまいました。これを書いているのは2020年9月ですが、これからこのウイルスと世界がどうなっていくのかは、想像がつきません。今思えば、2019年までは平穏な日々で、ある程度はこれまでの延長線上で動いていたような気がします。しかし、このごく小さな、見えないウイルスのせいで、すべてが大きく変わってしまいました。

今後の社会や、みんなの生き方がどうなっていくかはわかりませんが、これまでとは違う感覚で考えなくてはならないこともあるでしょう。

例えば、「人が密集して騒がしい状態」を許容できない人が増え、大規模なイベントやコンサート、スポーツイベント、大勢での飲み会など、多くの人が集まることは減るでしょう。私はもともとそのような状況が好きではなく、なるべく避けてはいましたが、同じように考える人も増えるはずです。

また、働き方や学び方なども変わってきます。テレワークでスムーズに仕事ができることがわかったので、大勢の人がいる職場で今までと同じように働く必要がなくなります。満員電車に乗って毎日オフィスに通うのを嫌がる人も増えるでしょう。

学校教育なども、オンライン授業でもうまくいくことがわかってしまったので、すべてが教室授業に戻ることはなく、その数が減り、ある程度はオンラインで受けてもＯＫということになるはずです。

こうなると、都市部に多くの人が集まるとか、一つの場所にたくさんの人を詰め込むという場面が減っていき、個人で仕事をしたり、趣味を楽しんだりするようになるはずです。そしてこれまでよりも、ますます『個の自立』が求められるようになるでしょう。

これまでは、集団の中でどのように振舞うかが大切でしたが、**これからは個人としてどのように動くかがより大切になり、個人としてどう生き、どう社会に貢献していくかが求められる時代になっていきます。**

私も、大きく生き方を変えざるを得ない状況になりました。税理士事務所を経営しているのですが、これまではお客様のところに行って作業や打ち合わせ、相談などを行っていいました。しかし2020年の4月から9月くらいまでは一切それをやめ、延期したりリモートで打ち合わせをしたりしました。お会いするにしても資料の受け渡しくらいです。やはりお客様に支えられている商売ですから、本当は対面してお話ししたほうがいいことは間違いありませんが、できなくなってしまったのです。

お客様が減る恐怖もありますので、コストダウンを一生懸命考えました。家賃が半分のところに事務所を移転することを決め、これまで持っていた余計なものを捨てました。

このような状況の中、わたしは今までの動き方はもちろん、考え方までも随分変わってしまいました。

これまで以上に、「自分にとって大切なこと」をしていこうと考えています。これは、本書を読んでくださっている皆さんも同じだと思います。これまで、あまりに多くの『もの』や『コト』を抱え、周りを気にしながら生きてきたのだと思います。しかし、**これからはあまり周りに気を取られず、個人として自分が大切にすることをすべき**ではないかと考えます。

たとえ新型コロナが終息したとしても、このような危機はまた想像もできない形でやってくるでしょう。そんなときに、周りに合わせて、状況を伺いながら生きていくことは難しくなります。つまり、自分で考えて、自分で行動しなければなりません。

そこで私が提案したいのは、「全員が経営をしていく」ということです。

突拍子もないアイデアかもしれませんが、危機が起こる前から考えていたことで、前著『社員ゼロ！　きちんと稼げる「1人会社」のはじめ方』でも「人口が減って、大きい会社が潰れていくから、みんなが1人会社をつくりましょう」と述べていました。

新型コロナ危機によって、その流れは加速していくはずです。だからこそ、ここで改めて、**誰もが「小さい会社」をつくって生きていくのがいい**、ということを提案したいと思います。

今、雇われて仕事をしている人も、1人で事業を行っている人も、実際に会社を経営している人も、今の仕事を続けながらでもいいので、これからは「小さな会社」をつくって生きていくことが大切です。

2

危機はこれからも繰り返し襲ってくる

前項でも述べましたが、新型コロナのような危機は、これからも繰り返し襲ってくるでしょう。ワクチンや効果のある薬が開発されたとしても、また新たなウイルスが発生する可能性もあります。怖がっていたらきりがありませんが、大きな地震や噴火などの自然災害が起こる可能性だってあります。不安定な宇宙の中の、不安定な地球上で生きている以上、何が起こるかわかりません。普通に日常生活を送っていても、けがや病気に襲われる可能性もあります。私たちの身には、危機がこれからも繰り返し襲ってくると考え、それに備えておいたほうがいいのです。

何が起こるかがわからない状況においては、まず自分の芯を固め、自分がしっかりしていることが大切になってきます。会社勤めの人であっても、会社がいつどうなるかわからない。だから**自分を磨いておき、自分がどこに行ってもやっていけるようにしておく必要**

があるでしょう。

また、すでに会社を経営している人や、起業して事業をはじめたばかりの人も、まずはしっかりと自分をつくり、そのうえで会社を強固なものにして、どのような状況になっても利益を出せるようにする必要があります。そのためには、**小さな自分だけの会社で事業を行っていける体制をつくっておく必要があります。**自分だけで稼げる力を養っておけば、どのような危機に直面しても生きていくことが可能です。最悪、自分の事業が時代に合わなくなったり、危機によってピンチに陥ったりしても、１人であれば殻を固くして、つまりコストダウンをして小さくなりながら自分を守ることができるのです。

小さな会社をつくって運営したとしても、危機が迫れば、すぐ吹っ飛んでしまうのでは？という疑問を持たれるかもしれません。しかし、それは逆だと断言できます。小さければ小さいほど、危機には強いのです。

会社を大きくして、たくさんの人を抱えている場合、その人たちを守る必要があります。それをやっている方を本当に尊敬しますが、小さくて自分しかいないような場合は、そもそも自分１人で頑張ればいいということになります。家族を養っている人は家族の分だけ何とかすることを考えればいいのです。

また、ごく小さな会社では経費もごく小さくできますので、危機的状況で売上が大きく減ってもなかなか潰れることはありません。借金をしたりしてお金が回らなくなると潰れる可能性が増えるわけですが、それもありません。

また、危機が迫れば、事業だって柔軟に変えることも必要です。新型コロナにより特定の業種がとてもつらい目に遭いました。間接的にはすべての企業が被害を受けているとも言えますが、目に見えてしんどい業種は特定されていたはずです。これから、どんな業種がそうなるかわかりません。危機とは別に、技術革新によって必要のなくなる仕事もあるでしょう。でも、**小さな会社であれば、臨機応変に業態を転換するなどして乗り切ることも可能**です。簡単ではありませんが、小さいからこそ一時的に大きくダウンしても耐えられ、その時期を乗り越えて新しい事業の形をつくっていくこともできるはずです。このような柔軟性も、小さな会社のメリットと言えるでしょう。

間違いなく、これからもさまざまな形で危機は襲ってきます。それに備え、今から準備しておくことが本当に大切です。

3

「一発アウト」を避けるための準備

「何が起こるのか、誰にも予想はできない」。平穏な日々から、予想もつかないようなことが多くの人の身に起こることがあります。

今後新たな感染症や地震や火山の噴火、水害などがいつ発生するかわかりませんし、これらを含めた複合的な要因から経済が崩壊し、大恐慌にならないとも限りません。

ですから、これからは外部要因から「一発アウト」にならないように、内部を固めておく必要があるのです。

どんなに大きな会社であっても、絶対に潰れないと言えなくなっています。

これまでも、「この会社がなくなるなんて！」と言われるような大きな会社、健全だと思われていた会社が倒産したり、合併されたり、外国の会社に株を買われて吸収されたりしてきました。この流れは止められません。これからも体力を失って閉店や倒産するような会社は増えるでしょう。

潰れた会社で勤めていた人に働き口が用意されればいいですが、すべてがそうなるとは限りません。職に就けない人も増え、失業率は確実にあがるはずです。そうなったときに、「自分で生きていけるか。家族を路頭に迷わさずに生きていけるか」を、今から考えておく必要があります。

ただ、これについて悲観する必要は全くありません。これから準備する時間はまだあります。その準備についてお話しします。

まず、**今すでに自分の会社や事業を持っており、経営をしているという人は、「これから売上が下がっていく」という前提で事業の計画を立てることが必須**となります。新型コロナ騒動が起きたから売上が下がったというだけでなく、もともと人口減や機械化などの要因から売上が下がることはわかっていました。

計画を立てるにあたって、これまでは売上を右肩上がりで考えていたかもしれません。しかし、それはもう通用しなくなりました。今後は「右肩下がり」の売上計画を立てていく必要があります。それに加えて、「売上が半分になる計画」や、「売上が一時的にゼロになり、その後（今と比較して）大きく減少する計画」なども立てておく必要があるでしょう。将来のことを心配しすぎても仕方がありませんが、会社の経営においては、売上が半分になったとしても、ほぼゼロになったとしても、会社を存続させることができるようにしておかなければならないのです。

もちろん会社をたたみ、その後新たな会社をつくって再起する、といった計画を立てても構わないのですが、一から立て直すのはコスト面も含めて難しい部分もあります。従って今の会社を、危機が起こっても存続させられるように計画を立てることが大切でしょう。

「計画は大胆に、実行は慎重に」という言葉があります。確かにそれも大切ですが、これからは**「計画は慎重に（悲観的に）、実行は大胆に」**という逆の発想も大切です。悲観的に計画しておき、その悲観したパターンに陥っても楽々会社を存続させて生きていけるといった計画を立てておけば、いい方向に行ったとしても悪い方向に行ったとしても生き残っていけます。いい方向に進めばそれはそれでいいですし、悪い方向になったとしても生きていけるのであれば、それはそれでいいのではないでしょうか。

楽観的に計画していて、考えられない危機が起こったときに一発アウト、これが一番怖いのです。

まだ経営をしていない人についても、同じことが言えます。給与しかもらっていない人も、家計を経営しているのと同じです。もらっている給料は、経営をしているとすると売上です。その売上が減る可能性も大いに考えられます。危機が起こっても一発アウトにならないよう、人生を設計しましょう。

人に頼らず、自分で守ることが大切

これからは「他人に依存する」という態度ではやっていけません。「個」として自立することが本当に大切です。人間は、他人の手助けがなければ生きていけませんし、人とのつながりは大切ですが、それと同時に「１人でも生きていける」ようにすることが大事です。だからこそ、小さい会社をつくり、自分１人で創意工夫しながらやっていく、ということも必要になってきます。

確かに、人間は他人とのかかわり合いの中で生きていくしかありません。他人と接しながらしなければいけないことも多いですし、他人の助けを全く借りないで生きていくのは難しいでしょう。だから、最低限の社会性を身につけ、他人に助けてもらいながら、そして迷惑をかけることなく生きていく必要があります。

仕事や経営にあたっても、全く同じことが言えます。確かに売上一つにしても、相手（他人）がいなければ成立しないことがほとんどでしょうし、仕事を手伝ってもらうことも通常は必要です。しかし、経営の根幹にかかわるような基本的なところ、例えば経営のシステムをつくるところや、経営数字を管理するところは、経営者が自分で行わなければなりません。売上をどこからいくらあげて、経費をどう使って、利益をどう出していくか。あるいは、投下した資本に対して毎年どれくらいの利益を出していくのか、といったことは、1人で管理して1人で決める必要があるでしょう。そのうえで、経営計画の達成のために、他人にお手伝いしてもらう、というスタンスが必要です。

ただ、その経営計画達成のために行うことについても、これからは無制限に他人に頼ることはできなくなります。

そもそも全体の人口（特に生産年齢人口）が減っていくので、売上も全体的に小さくなり、他人に依存する原資が全体的に小さくなっていきます。当然、仕事を手伝ってもらう人自体も全体的に減っていきます。競争に勝って大きな売上や利益をあげられる企業は多くの人に依存できますが、他人に頼ることができないような企業も増えていくはずです。

小さな企業は、今後他人に頼ること（人材の確保など）自体が難しくなってくるのであ

れば、今から他人に依存しない経営を行っていくことを考えるべきです。

全体的に貧富の差も拡大していくでしょうし、他人に依存するだけでは生きていけない世の中になるはずです。それに対抗するためには、自分で経営を行っていくとか、自分で問題を解決していくといった考えが必要になるでしょう。

どのようなアイデアも、発明も、創作物も、基本的には１人の頭の中から生まれるものではないでしょうか。組織に属していたとしても、その組織を動かすのは基本的にその組織のリーダーです。新型コロナ危機においては、集団で動くことができず、結局１人でやらなければいけないということも多かったはずです。この傾向はこれからも続くでしょう。結局は１人でやらなければならないという時代にますます近づきます。

本書を読んでくださっている人は、自立心がある人や、１人でやっていくことができる人がほとんどだと思います。でも、まだそこまで達していないという人は、自信をつけて取り組みはじめてみましょう。

コツコツ築いたものをドカンと失わないことが大事

話の流れは変わりますが、人生においても、お金のつくり方においても、経営においても、コツコツと一つ一つ積みあげていくことは本当に大事です。しかし、せっかくコツコツと貯めてきたものや、積みあげてきたものを「ドカン！」と一瞬で失うこともあります。これは教訓として念頭においておく必要があります。

投資や金融、トレードの世界などでは、「コツコツドカン」という言葉があり、これを避けるように言われています。

先にも述べたように人生は、コツコツ積みあげていくことが大切です。毎日同じような努力をして、それを仕事や生活などにつなげ、より良い自分をつくっていくのです。日々活動をして、他人には思いやりをもって接し、人の役に立つことをやり続けていくことで、道が開けてきます。

仕事や経営なども全く同じで、人の役に少しでも立つこと、社会に貢献することをやり続けていき、その結果として売上を得て、実績や経営数字を積みあげていくことが大事です。

しかし、コツコツ積みあげてきたものは、一瞬で壊れることがあります。

犯罪行為は論外ですが、言葉で人を傷つけたり、見えないところでした悪い行為が明るみに出たり（明るみに出なくても良くないですが）すれば、あっという間に壊れます。

また悪気がなくても、食べ物をつくるような仕事においては食中毒を出してしまったり、お金に関する仕事においては相手に損害を与えてしまったり、製品によって人が死んでしまう可能性だって考えられます。故意でなくてもそのようなミスを犯してしまった場合、もう経営ができなくなるかもしれません。賠償を背負って再起不能となる可能性もあります。考えればキリがありませんが、ある意味経営は危険と隣り合わせだということができるでしょう。

私がやっている税理士の仕事も怖い仕事です。お客様のために、経理や税務のサポートとなる仕事をコツコツ行っているのですが、ミスによってお客様が多くの税金を支払わなければならないような損害を与えてしまい、賠償請求を受けた場合、額によっては一瞬で仕事ができなくなり、破産をしなければならない可能性さえあります。ですからそのような事態が起こったときに保障してくれる保険に入っています。

ここまでいろいろと述べてきましたが、誠実に相手のことを考えて毎日努力を積み重ねていれば、悪いことはそれほど起こりません。

大事なのは、売上をあげるときはなるべく小さな手間で大きいものを目指し、万が一の損失が起こっても小さく済むように日頃から心がけておくことです。

株式投資や株式トレードの世界では、「利益を伸ばし、損は小さく早めに切る」ことが大切で、それを積み重ねていくと利益が積み重なると言われます。経営においては、売上や利益はなるべく大きく、損失や経費は最終的に大きくならないように「あらかじめ損失を細かいところで出しておくことが大事」といったことが言えるかもしれません。

経費を小さくして、売上を大きくするという観点で臨めば、いい経営結果が得られる場合が多いでしょう。

自分の『ゴール』と『幸せ』を決めておく

話はまた大きく変わりますが、小さな会社をつくって経営をするにあたっては、経営計画を立ててそれを実行していくことはもちろん、自分の「人生計画」をつくり、それも同時に実行していくことが本当に大切です。

会社経営のことばかりに目が行き、家計のことや人生、健康のことなどをおろそかにしてしまう社長・経営者が多くいます。もちろん、経営というのは厳しい道ですので、そこに一点集中して突破するのは大切なことですし、「会社や経営のことしか考えていない」くらいでないとうまくいかないのかもしれません。

ただ、１人で経営を行い、小さいながらも利益を出して社会にも貢献をするというのであれば、何もすべてのリソース（時間など）を会社に投じる必要はありません。自分の人生や健康のこと、人生におけるお金や時間の使い方などにも目を向ける必要があります。

つまり、**会社の経営計画だけを立てるのではなく、自分の人生の計画を立て、そちらも達成しながら生きていく必要があるの**です。それがいい加減になってしまうと、経営にも影響するというのが私の持論です。

特に家庭を持っている人は、人生の計画もしっかり立てていないと、家族を路頭に迷わせてしまうことになりかねません。会社経営が順調であるときはこうする、売上が下がって利益も減ったときはこのように対応する、売上がゼロになったらどうすればいいのかなどの対応策も考えつつ、人生の計画を立てておかなければ、いざというときに家族に影響を与えてしまいます。

では、どのように計画を立てていけばいいのでしょうか。

具体的には「自分（や家族）のゴールと幸せを決めておく」のです。

「ゴールを決める」というのは、どうやって生きていき、どう死んでいくのかということをイメージして決めることです。

「幸せを決める」というのは、自分や家族にとって大切なことは何かを考え、それを実現するにはどう行動すればいいかを考え、その実現のための道を決めることです。

「自分がどう死んでいくか」なんて、想像できないかもしれませんが、思うまま、勝手に決めればいいのです。ただの願望でＯＫです。例えば、自分は１２０歳まで生きる、そして今から１２０歳までに何と何をして、どう生きていくか。そんなことを決めればいいでしょう。別に長生きすることだけが大事なわけでなく、例えば70歳くらいで死ぬと考え、そこまでに太く短くどう生きていくかということを決めても構いません。

別に、何もしなくても構わないと私は思います。例えば70歳から90歳までは白紙の計画を立て、「何もしない期間」をつくってもいいでしょう。そのときに何かをやりたくなったら、やればいいわけです。

自分の人生をデザインするのは自由です。可能性は無限です。今完全にそれを決めずに、あとで決めていくこともちろん可能です。ただ、ある程度「こうして生きていく」ということを決めておくほうがいいと思います。

次に、「自分や家族の幸せ」についてですが、お子さんがいる方は、お子さんが成人もしくは大学を卒業するまで、どのように育てることができれば自分にとっても子どもにとっても幸せかを考えてください。もちろん、配偶者の幸せも考えます。家族とはいえ、幸せやどう生きていくかは各個人で決めるものですから、家族をコントロールしたり誘導したりするのではなく、基本は思うままに生きてもらうためにどうするのがいいかを考えればいいでしょう。

また、自分の幸せを考えるのも重要です。「家族が元気で生きていればそれだけで幸せ」というのであればそれでもいいのです。自分が実現したいこと、幸せに感じることをリストアップしていき、実現するためにはどうすればいいかを考えてください。

このように、「人生を決めていくこと」があって、はじめて経営が大切になってくるのではないでしょうか。経営をうまくいかせることしか考えず、自分の人生や家族については何も考えない、というのではあまりにも寂しいですし、人生を生きる価値も減ってしまいます。

「人生があってはじめて、経営が大切になる」ということを念頭において、自分の人生を大切にしていただけたらと思います。

自分の『シェルター』をつくっておく

危機がいつ起こるかわからないような今の時代においては、自分や家族の人生をしっかり考えると共に、「シェルター」のようなものをつくっておいたほうが、安心して生活も経営もすることができるでしょう。

「シェルター」と言っても、核シェルターなど本物のシェルターではありません。もちろん自分用のシェルターをつくったり買ったりしてもいいですが、現実的ではないでしょう。周りでシェルターを持っている人を見たことはありませんから（笑）。

ここで言うシェルターとは、「逃げ込める場所」のことです。

例えば会社勤めをしている人であれば、会社以外に何かに打ち込める場でもいいでしょう。経営を行っている人も、その経営だけでなく、他に何かできることがあったほうがいいのです。

ただ本書では、**今やっている仕事が危うくなったときにも困らないように、新しい仕事や会社、事業などをつくっておく**ことを提案します。

新型コロナ危機において、打撃を受けた業界や会社は多くありました。人が集まるような事業については、数カ月営業ができず、営業自粛のあともお客様が半減した、という例も多いでしょう。それに対して国や地方自治体などからの補助はありましたが、もちろん充分ではありませんし、多くの会社や事業が潰れてしまいました。

私たちはこれまで油断していたのかもしれませんが、いつまたこのような事態になるのかは全く想像できません。いつ何が起こってもいいように準備をしていこう、というのは全世界の人々の共通認識になったと言ってもいいでしょう。

あまり影響を受けなかった会社や事業においても、いつ何が起こるかわからないわけですから、目に見えない敵に備える必要があります。核戦争が起きたときに核シェルターが必要なように、**危機が起きることを見越して、別の事業とか、いざというときに最低限のお金を生み出すことができるものとか、困ったときに助けてくれる仲間との信頼関係を確立していく必要がある**のです。いつ危機が起こるかわからないのですから、「次の危機に備えてゆっくりやっていこう」では通用しません。ある程度時間がかかるのは仕方がありませんが、今からコツコツと備えていく必要があります。

コロナ禍ではマスクが一時期消えてしまいましたが、手づくりや繰り返し使えるマスクができるなど、多くの人の努力によって、何とかなりました。このような努力を、日頃から行っていくべきです。

会社員も、事業をすでに持っている人も、もう一つか二つ別の仕事や事業を持ちましょう。それは今の会社や事業とは全く違うものがいいかもしれません。今、目に見えるお客様相手の商売（例えば飲食業など）を行っているのであれば、その他の事業としてネットを使ってお金を稼ぐなど、目に見えないお客様から代金を頂戴するようなことを行ってもいいかもしれません。

逆に今ネットに依存した商売に関係しているのであれば、店舗を持つなどのリアル商売をやることを考えてもいいかもしれません。堅実な商売にかかわっているのであれば、逆に少しギャンブル性のあるような商売（投資など）をしてもいいかもしれません。

このように、**自分が今やっていることを分析し、何か危機が起こったときに、それをカバーしてくれるようなものを持つのがいい**と思います。その新しいものが、「シェルター」の役割を果たしてくれるでしょう。

また、事業とは関係ありませんが、都市部に住んでいる人などは、実際に田舎などに逃げ込める場所をつくっておくといいかもしれません。人が密集しているような場所では何もできなくなる可能性もあります。また、食糧危機などが起こるかもしれませんので、お米など農作物がつくれるような土地を確保しておく（親や祖父母が住んでいて使っていない土地を確保するとか）のも得策かもしれません。少し余裕がある方は、別荘地を持っておくのもいいでしょう。バブル時代に林立して今は人が少なくなってしまったリゾート地のマンションを安く買っておくのもいいかもしれません。

シェルターをつくり、安心して今の事業に打ち込めるようになるのが理想です。

8

人口は確実に減るので、それにも備える

天災や新型コロナショックなどの危機も大変な事態ではありますが、もっと根本的な危機もあります。確実に起こる問題で、今も私たちの前に横たわっています。それが前述していますが「人口減」の問題です。

日本の人口は、内閣府のホームページによると、「総人口は２０３０年の1億１６６２万人を経て、２０４８年には1億人を割って９９１３万人程度となり、２０６０年には８６７４万人程度になるものと推計され、現在の3分の2の規模まで減少することとなる。さらに、同仮定を長期まで延長すると、１００年後の２１１０年には４２８６万人程度になるものと推計される」とされています。まだ実感がないかもしれませんが、現在の出生率などから計算すると人口はこの先大きく減っていくのです。

当然ですが、生産年齢人口（15歳から64歳の人口）も減ります。もちろん、65歳以上も仕事をすることになり、生産年齢人口は上にずれることになると思いますが、若い人が減

少することに変わりはありません。

そして、私が重視しているのが「多消費世代人口」です。公式な定義はありませんが、多く消費を行う40代の人口のことです。その「多消費世代」の人口と日本の経済指標は連動しており、例えば戦後生まれの「団塊の世代」が40代を迎えた1980年代後半にはバブル経済が訪れ、「団塊ジュニア世代」が40代を迎えた2010年代後半も、株価が全体的にはあがっています。

ただ、「団塊ジュニア世代」はそろそろ40代を終え、50代に差し掛かろうとしています。そうなると多消費世代が減っていくため、これまでの傾向から言うと経済全体は少しずつしぼんでいくことになるでしょう。

このように人口が多いか少ないかが消費の総数をある程度決めるので、経済に大きく影響してくるのですが、それを軽視している経営者も多いようです。昭和のバブル経済、アベノミクス景気などの再現があると考え、「右肩上がり」の成長を目指す人もいますが、その考えは捨てたほうがいいでしょう。

全体が縮小していく中で「自分たちだけは成長していく」と考えるのももちろんいいとは思いますが、**「全体の縮小に合わせて経営も縮小させ、その中で成立するようにする」**ことを目指すのが大切ではないかと考えています。

そろそろ、「売上は右肩下がり」の計画を立てていくべきときです。

もちろん、「右肩上がり」「平行線」「右肩下がり」「急激な売上減」などのいくつかのパターンを考え、世の中の状況に合わせて計画を変えていくというのでもいいでしょう。これからの経営においては、現実的にそのような柔軟性が求められます。

会社をどんどん大きくしていき、人をたくさん雇い、大きな売上をあげるのがこれまでのスタイル、成功パターンでしたが、これからは違います。**小さな売上で利益を極大化することを目指すほうが理にかなっています**し、想像もできなかった危機が起こったときには、小さいほうが有利です（詳しくは第３章で説明します）。

人口減という抗えない未来に備えて、小さくても利益が出て、社会貢献をすることができる、そしてずっと存続していける会社や事業を目指していきましょう。

9

アフターコロナに廃れない仕事を選ぶ

2020年に突如起こった新型コロナ騒動により、新しい概念が生まれました。それは「アフターコロナ」とか「ウィズコロナ」などと呼ばれる、新様式の生き方です。人と人がなるべく接触しないようにする、3密(密閉、密集、密接)を避けてどう生きていくか、ということを真剣に考えなくてはならなくなりました。

企業の業績は悪くなっていき、存続させていくことはますます難しくなっていくでしょう。

だからと言って、その厳しさに負けて、ただしぼんでいくというのではおもしろくありません。小さな会社・小さな事業だからこそ小回りが利くので、新しい生活様式に対応するように変えていく必要があります。

新型コロナ騒動はすでに起こってしまったことです。新しい生活様式はしばらく続くでしょう。そして、いつまた他の危機が起こるかは誰もわかりません。ですから、危機に備えつつ、なるべく廃れることのない事業をやっていきましょう。

これからは、**「人とあまり会わない（会えない）、あまり移動できない」ことがキーになる**かもしれません。そうなると、**オンラインでどれだけやれるか、人同士が会わずに何ができるか、ということが重要**になってきます。

１人で、もしくは超小規模でやれる事業として、飲食店やスクールなどの経営がこれまでは参入しやすかったと思いますが、これからはハードルが高くなります。飲食店では距離を空けるために席は半減する、つまり売上半分でやっていかなければいけないですし、スクールでは多くの人を集めて、会員数を増やしていくのが難しくなります。

しかし、それを前提とした事業を企画すれば充分に利益は出るでしょう。

飲食店においては、私の好きなあるうどんチェーン店がやっているように、感染拡大対策を充分にしてテイクアウトもできる、ということが強みになったりします。

スクール事業においては、オンラインで問題なく開催できることが強みになるでしょう。

すでに事業を行われている方で、新様式に素早く対応してピンチを乗り越えた方を何人も知っています。本当に対応が早いと、感服してしまいます。

会社や事業、経営を行っていくうえで大切なのは、どんな危機が起こっても廃れない仕事をやっていくことです。

すでに影響を受けている、またこれから影響を間違いなく受ける仕事を行っている人は、その事業をアフターコロナ仕様に変えて対応したり、新しい事業に変更したり、新しい事業を追加したりしていくことが必要です。

また、これから新たに事業をはじめる人は、このような危機の影響をなるべく受けないもの、例えば人と人が会わなくてもよかったり、移動しなくてもよかったり、オンラインでできるような仕事を、じっくりと考えて選ぶべきです。

新型コロナ騒動は本当に未曾有の事態で、何度も言いますが、世の中が大きく変わってしまいました。感染への恐怖が蔓延しているというだけでなく、経済的にも大きな打撃がこれからも襲ってくるでしょう。だからこそ、小さな規模で事業をやり、世の中の流れに柔軟に対応することが求められます。

10 有事に備えて、全員が自分の会社か事業を持っておく

何度も言って申し訳ないのですが、危機はこれからも起こり、どのような世の中になるのかは誰にもわかりません。このような有事に備えて、仕事のやり方を変えていくことは大切だということは先述したとおりです。そして、それと同じく大切なのは、「誰もが自分の事業を持っておく」ということになるのではないかと考えられます。

本書を読んでくださっている人は、自分でつくった事業を経営している人が多いかもしれません。そういった人はもちろん、まだ準備中の人も、事業を再考し、危機がきたときに弱点となる部分にてこ入れしたり、危機に強い事業を探したりすることをおすすめします。

大掛かりな事業でなくても構いません。

例えば、人口の集中している都市に住んでいる人が地方の不動産を買い、いざというと

きに住めるようにしておくというのも立派な事業ですし、危機になっても価値が下がらないと考えられるような資産を買っておく、というのも立派な事業です。買い物に行けないとか、ものが売ってないといった状態になることを想定して、ある程度の備蓄をしておくというのも、家庭を運営していく立派な事業と言えるでしょう。

極端なことを言うと、「家の管理株式会社」などという名前の会社をつくり、自分や家族が困らないように備蓄したり不用品を売ったりするような（不用品の売却については、古物商という許可を取得する必要があるかもしれませんが）事業をしても構いません。このようなことをいくつか、計画を立ててやりはじめておくということを推奨します。

事業の基本は、自分が何か他人（や自分）に対して提供できるものやサービスなどを準備して、その「販売、仕入、経費」などの計画を立て、運営をしていくことです。そして、その事業を行うことで、利益（売上から経費などの費用を引いたもの）が出れば税金を払い、残ったものを貯めていく。これができれば立派な事業と言えます。

別に何億も売上をあげなくてもいいのです。利益が1円であっても、赤字を垂れ流している会社と比べれば立派なものです。また、別にみんなに知られる必要もなく、自分1人で地味に運営していっても構いません。そのような「自分だけの事業」を持っておいたほうが、これからは何かと有利・便利になってくるでしょう。

「社会に貢献できる素晴らしい会社をつくりたい」という希望はとても立派なものですが、別にそうでなくても許されるのが会社だったり事業だったりします。ある程度ですが税金などを払うことで立派に社会貢献になりますし、自分や周りを助けることにもつながります。

その「小さな事業」をどう運営していけばいいか、どのような計画を立てて進めていけばいいか、ということはこのあと詳述していきますが、まずは自分の事業をつくってみよう、ということがこの章ラストの提案となります。

まずは、『箱』（事業をするための）をつくってみてはいかがでしょう。お金はある程度（10〜30万円程度）かかりますが、**会社を設立してみましょう。もちろん個人事業の開始届を出して、事業をはじめてみてもいい**でしょう。これらの事業をつくると、納税義務が発生しますが、利益を出して納税する、という気概を持ってやることは大切なことです。

やることは何でもいいのです。先ほども書きましたが、例えば読み終わった本や使い終わった道具などを、メルカリとかブックオフで他人に譲るということからはじめてみてもいいでしょう。何かの資格を取り、その資格を使って他人にアドバイスをするような事業をはじめてもいいと思います。YouTubeなどに動画をあげて、ゆくゆくはそこから広告収入を得るための準備をはじめる、でもいいです。何か他人の役に立つようなことをはじめてみてください。

いきなり儲からなくても大丈夫です。まずはそのような**『箱』をつくっておけば、いざというときにその箱が自分を助けてくれるかもしれません。**

最近で言えば、「持続化給付金」（特定の月の売上が50％以上減少した場合、法人には200万円、個人には100万円が支給される制度）や「家賃支援給付金」（売上が減少したときに、事業で払っている家賃を補助する制度）などが支給されました。それらをもらうために事業をつくるというのではなく、まっとうに事業を行っていれば、危機のときにはそれらのお世話になることもできます。ですから自分の事業を持っておく、ということは大切なことです。

第2章以降は、どのような会社をどうつくればいいのか、どう計画を立て、運営していけばいいのかなど、詳しく書いていきます。ぜひ読み進めていただき、自分の箱をつくっていただければと思います。

第２章

危機を教訓に「シフトチェンジ」する

今までの形では経営を続けられない可能性がある

第2章は、事業を持ち、経営を行っている人を主な対象者として書きました。しかし、まだ事業をやっていない人にとっても大切なことなので、ぜひお読みください。

まず考えたいのは、これからどう事業を経営していけばいいのか、ということです。新型コロナ感染拡大の危機により、世の中の様相は一変しました。目に見えない、極々小さなウイルスのためにここまで変わるのかと私自身驚きました。

そして、世の中の様相が一変したことにより、事業や経営に甚大な影響がありました。倒産した会社も多く、売上が下がって苦しんでいる会社の経営者も多いでしょう。

「新しい生活様式」で生きていこう、と考える人が多くなっています。人とはあまり接することなく、これまで多くの人が集まっていたところにはあまり行かないようにする。

行ったとしても距離を保って過ごす。そんなことがスタンダードになりつつあります。

もちろん、気にせずこれまでどおり過ごす人も多くいるでしょうし、新しい生活様式なんかやっていたら仕事にならない、稼げない、という人も多数いるでしょう。ですからその生き方・過ごし方のぜひをここで論ずることはしません。ただ、どうしても人が集まりにくくなっている、その傾向はこれからも続くだろう、というのが私の予想です。

そうなると、イベント事業や飲食店など、人が集まることで成り立っているような仕事については、売上が減少し、その状態がしばらく続くことを覚悟しなければなりません。

私がやっている税理士業においても、訪問して長い時間接することができなくなるため、信頼度などが落ちる可能性があります。ウイルスを気にしない社長さんからは、なぜこないのだ、すべてオンラインにするなんておかしい、などと思われることもあるでしょう。だから私も、売上が半減したりゼロになったりする可能性もあると考えて、そうなったときの対策を考えています。

すべての事業がこれからのことを新しい感覚で考えていかなければいけない時期に差し掛かっています。ウイルスだけではありません。例えば、大地震がくる可能性は結構高いと言われています。そうなると物理的に移動できなくなったり、被害を受けて仕事どころではなくなったりする場合もあるでしょう。そのようなことにも備えておかなければなりません。

すべての会社や事業においては、「これまでのやり方で仕事をすることができなくなる」という前提の元、考える必要があるでしょう。今までは、やっている事業を成長させることや、維持しながらどう生きていくかを考えていけばよかったのですが、それができなくなるのです。いっそのこと、どうせ予想はできないのだから、計画など立てず、ありのままにやっていくことが正しいのかもしれません。

これまでの延長線で仕事をする、生きていく、ということがやりにくくなってきています。これからの新しい時代を前提に、事業計画も考えていかなければならなくなりました。

2 危機を教訓にシフトチェンジしていく

新しい時代の新しい生き方に合わせて、事業や仕事自体もシフトチェンジしていかなければなりません。でも、せっかく変えるのであれば、いい方向に変えていきたいものです。

シフトチェンジをすると言っても、多くの人は、自分がずっとやってきたことや得意としていることなどで起業をしているはずです。その軸を捨てる必要はありません。これまでやってきたこと、今やっていることがうまくいっていないのならば別ですが、そうでなければ、**今やっていることを軸にしつつ、これから新たな危機が起こっても対応できるようにチェンジしていく**のがいいでしょう。

これからも、人と人が対面することや、多くの人が集まることがある程度制限されます。また、人が移動をして何かをするということも減るはずです。それらを前提とした商売は厳しくなってくるでしょう。それであれば、人が会ったり集まったり、移動したりしなくてもやっていける仕事や商売を模索してみてはいかがでしょうか。
まずは、あくまでも今ある仕事・商売の枠組みの中で、そのような仕様に変えていけるかどうかを模索して、できそうであれば変化させ、できないようであれば商売の鞍替えなども考えることが必要になるでしょう。

私の税理士事務所のお客様の中に、飲食店経営を行っている会社があります。東京都心部の繁華街にあるのですが、２０２０年の4月と5月については客足を全く見込むことができなかったため休業しました。

しかし、休業中にさまざまな対策をして、６月から営業を再開したときには、店を存続させるため、店内の席の配置を変更し（席数はもちろん減ってしまいますが）、感染防止対策を充分に行い、さらに家賃などの交渉も行いました。その店は、以前そこを経営していた会社から引き継いだため、経営ノウハウにロイヤリティを払っていたのですが、その契約も解消することができ、支払いがなくなりました。そのため、コスト構造は大きく改善し、経営を続けていけることになったのです。

他にも、顧問先に大規模のイベントを開く会社があり、書き入れ時となる4月に緊急事態宣言が出されてどうなることかと思いましたが、見事にオンライン対応をして乗り切りました。確かに売上は減ってしまいますが、その分コストも減ることになり、利益は依然として保たれています。

嘆く暇があったら変えていく、というのが正解なのではないかと思います。その意味で、顧問先以外のいろいろな経営者の行動をＳＮＳなどで見ていましたが、私の知っている多くの経営者は、すぐにいろいろなことを変化させて時代に対応しており、非常に素晴らしいし、頼もしいと感じました。

新型コロナのような**危機があったときに求められるのは、躊躇なく変化すること**です。よく言われることではありますが、進化論で有名なダーウィンが残した名言、**「強い者、賢い者が生き残るのではない。変化できる者が生き残るのだ」**がこのような危機においては教訓となります。この言葉をそのまま受け止めて、変化していくことと、危機に備えて準備をしていくことがとても大切です。

3 自分の会社を今からでも変えていく

私はこれまで15年以上、税理士事務所の経営を続けてきて、多くのお客様の経営を見させてもらってきています。その中で一つ言えることは、「ほとんどの経営者は、ずっと同じことを繰り返す」ということです。これは揶揄したり馬鹿にしたりしているわけではありません。

続けることは大切ですし、とても大変なことです。「ずっと変わらない」ことも大事なことです。しかし、これからも訪れる危機を前にしては、「変わらない」ことが致命傷になる可能性だってあります。

「変わらない」ことの代表例が、『お金を無駄に使う体質』です。

これまで多くの会社の社長さんを見てきましたが、とにかくお金を使うことが好きな社長さんが多くいらっしゃいます。悪いとは言いません。売上をあげるため、会社を存続させるために、資産を買ったり、経費を使うことはあたりまえです。会社を大きくするためには不可欠です。

ただ、そのお金や経費が私的なことに使われることが多いのです。もちろん、会社のお金を私的なことに使い、それを経費として計上することは脱税になりますので、そんなことはしないでしょう。しかし、とにかく自分の趣味、例えば車とか時計にお金を使ってしまったり、交際費（これは中小企業の場合、多くが経費になります）にお金を使い、毎晩飲み歩いたりするなどということが多いのです。

すべてが悪いとは言いません。社長が好きなことをすることは全然否定しませんし、そのために苦しみながら会社を経営しているのであれば、文句を言うことはできません。しかし、その体質が「いつまで経っても変わらない」ことが問題なのです。

新型コロナ危機で、ほとんどの方が少なからず影響を受けているでしょう。それでもこの「お金を無駄に使う体質」が変えられないとしたら、それは嘆くべきことではないでしょうか。

そして、繰り返しますが、危機はこれからもあります。それに備えて変わっていかなければなりません。準備をしなければならないのです。

厳しい言い方になりますが、コロナショックで大きな打撃を受けた経営者は「準備ができていなかった」「もともとのやり方がおかしかった」のです。

例えば、もともとわかっていた人口減に備えていたのであれば、少々（少々ではない場合が多いですが）売上が下がったとしても、大きな影響を受けなかったかもしれません。もとから、「売上が半減してもやっていける」ような体質にしておくべきだったのかもしれないのです。そのような準備が全くできていなかったのに嘆いているようでは、これからも存続をしていくのは厳しいかもしれません。

これから準備をしていくことが大切です。変わらなければいけないのです。いつ変わるのか？「今から」しかありません。

事業経営をはじめて日が浅い場合は、変えていくことは割と容易でしょう。問題は、これまで10年、20年、数十年経営をしてきた経営者です。これまでの習慣を変えるのは難しいですし、**これまでうまくいっていた事業の形態を変えたりコスト構造を変えたりすることは、本当に容易ではありません。それでも変える必要があります。**

私の場合は、「売上が半減した場合」「今ある売上がゼロになった場合」を想定した資金計画を立てました。今ある売上がゼロになると本当に厳しいですが、コストを極限まで下げ、さらに生活費まで無駄をそぎ落とすことが必要となります。今はまだ、ギリギリまでコストダウンすることは必要ありませんが、いざ売上が大きく減ってしまったときのために、その準備を少しずつ進めています。

また、今ある売上以外に、どうやったら売上をあげていけるかということを考え、その準備もはじめています。

危機にならないとなかなか動き出さないものですが、**いざ危機が襲ってきて、そこから準備をするのでは遅い**です。ですから今から少しずつでも動いていくことが大切です。

何が起き、自分がどのような状況に置かれるかは誰にもわかりません。どのような状態に置かれたとしても、何とか生きていくために、今から準備をはじめていきましょう。

今後どんな危機がきても耐えうる会社とは

新型コロナ騒動のような危機が訪れたときに必ず起こることは、経済の停滞です。特に自粛で人々が移動しなかったり街に出なかったりすると、消費需要が減ります。企業もそれに従って供給を減らす必要が生じるので、経済全体の動きが悪くなってしまいます。全体の経済状況が悪化し、大きな会社で厳しい状況になるところが増えると、中小企業にも影響を及ぼします（もちろん、中小企業は大企業の影響のみならず、直接的なダメージも受けることになります）。

経済が停滞したことに対する揺り戻しはあるでしょうし、株価も政治的な対策での戻りはあるでしょうが、企業業績が良くなければその影響がまた全体を覆うことになり、しばらくは経済の状況が悪い状態は続くでしょう。

売上が減った場合、経費を減らさない限り利益が出ません。簡単に経費を減らせるのであれば全然問題ないのですが、そうはいかないのが企業のつらいところです。

給与、家賃などの会社の固定費を減らすのは並大抵の努力ではできません。本当に固定費を減らしたいのなら、毎日毎日、減らすためにどうすればいいかを考え、行動に移すと共に、社員全員が常に意識していかなければなりません。

しかし、固定費を減らしていくとさまざまなところに弊害も出ます。

当然、従業員の給与も増やすことは難しくなるでしょう。大多数を占める中小企業の、従業員の給与が上がらないとなると（もちろん大企業の賃金も下げ止まったまま）、消費がますます縮小し、言うまでもなく経済にとっていいことではありません。その影響が回り回って、また小さい企業に直撃します。

今後また危機が訪れ、経済状況の悪化などが小さな企業を直撃する場合、それでもまた生き残っていくためには何が必要でしょうか？

それは、言うまでもなく、**「小さくてすぐ動ける会社（事業）にしておく」**ということになるでしょう。小さいということは、いろいろなことをすぐに変えることが可能、ということです。そして、売上は少ないですが、その分経費も少なく、売上が減ったときにはそれに対応してさらに経費を減らすことができます。ですから、利益を継続して出すことが割と容易に可能となります。利益が出るということはお金が残るということになり、資金繰りに奔走しなければならなかったり、簡単に潰れたりすることはありません。

売上が少なくても利益が出ていて、借り入れに頼らない会社にしておくことで、皮肉なことかもしれませんが、いざというときに借り入れに頼ることが可能になります。

新型コロナ騒動においては、日本政策金融公庫をはじめとして、あらゆる借り入れの制度が拡充され、いい条件で多くの金額を借りることができました。今後も何かが起こったときにはそのようになると思いますが、それにも限界があります。すべての会社がいざというときに借りられるということにはならず、利益が出てお金に余裕がある会社こそが(あまり必要ないのに)、多くの額をいい条件で借りることが可能なのです。利益が出ないでお金も残っていない会社が借り入れをできたとしても、それは一時的な応急処置にしかならず、結局損失を垂れ流してしまう、ということもあるでしょう。

売上も経費も大きな会社であるほど、売上がなくなった、あるいは大きく減ったときに流れる血の量は多いのです。

常識的な考えでは、「会社を大きくして、売上をたくさん増やし、経費も使って、利益を出して税金をたくさん払い、雇用を生み出して社会に貢献しよう」というのが正解だったかもしれません。

しかし、売上の小さい、人も少ない会社であっても、社会に貢献できる方法はたくさんあります。ごく小さな事業をつくり、そこで利益を出しつつ社会に貢献する。そしてそこで生まれた原資を使ってまた次の事業を興す。こんな感じで小さくやっていくことも、これからの時代には求められることではないかと思います。

どんな危機が訪れて直撃するかがわからない世の中です。もちろん、会社や事業を大きくしていくやり方も、うまくやっていけるのであれば素晴らしいことですが、このような考え方で小さな事業をつくっていくことを検討してみるのも大変重要だと感じます。

経営の基本は「自己資本」をどうしていくかということ

ここで少し、会社経営における『数字』の話をしようと思います。会社経営においては、数字をしっかりと把握して管理し、それをどのようにいい方向に変えていくかということを、経営者自身が考えることがとても大事です。

数字を知らずに経営をすることはできません。苦手だからと誰かに任せるのは自殺行為です。やはり、利益が出て、危機を難なく潜り抜けられる経営者は、数字のことがよくわかっています。だから数字について学び、実践していきましょう。

会社にとって一番大事なのは、売上であると言われたりします。もちろん、それは正しいでしょう。売上がないと会社にお金が入らず、お金がなくなって潰れてしまいます。ただ、売上だけ多くても、一定期間において利益が出なくてはどうにもなりません。売上が多くても、その売上をあげるために必要な原価や、各種経費がかさんで売上高を超えてしまうと、利益が出ず赤字になります。赤字ということは、基本的に会社からお金が流出していく状態です。なので、売上高の多寡が問題なのではなく、利益が出るかどうかが問題なのです。

ただ、利益よりももっと大事なものがあります。それは、**「自己資本が増えていくかどうか」**ということです。

自己資本とは、その会社や事業をはじめるときに拠出したお金の額と、毎年（毎期）の利益の積み重ねを足した額になります。

例えば、資本金300万円でスタートしたとして、毎年120万円（月10万円）ずつ、税金を引いたあとの額が残る（優秀です）としたら、10年後に自己資本は、300＋120×10年＝1500万円ということになります。このように、毎年利益を出して、自己資本を積み重ねていくということが一番大切なのです。

売上でも単年の利益でもなく、自己資本を増やしていけるかどうかが問題なのです。それがずっとできていれば、会社はうまくいっていると言えるでしょう。

自己資本を増やすためには、利益を積み重ねていくこと以外に、自己資本を毎年何%の割合で増やしていけるか、つまり自己資本をどう運用していけるかということも考えるべきです。ただ利益が多ければいい、というものではなく、**自己資本を毎年決めた割合で運用していき、複利の概念を使ってどのように大きくしていくかということが大切**なのです。

数字を使って例をあげます。資本金300万円で毎年の利益が120万円(利益率40%)だとします。これも大変立派なことなのですが、複利で回す方法を考えてみましょう。

複利とは、利益を元本に組み込んで、その利益が乗った元本を新たに利用して利益を出す方法です。1年目の利益を資本金に足すと420万円ですが、これが、1年目が終わったときの自己資本です。複利の考えを当てはめると、この420万円に対して40%の利益を出すということですから、2年目の利益は168万円となり、自己資本は420+168=588万円となります。これを繰り返していくと、10年、20年後には自己資本がとんでもない額になります。ぜひ一度計算してみてください。

会社を複利で回していくと自己資本が増大するというのは確かなのですが、それをするためには、従業員を増やしていったり、設備を増強していったりする必要があることが普通です。成長する会社は、そうやって大きくなっていくわけです。
ただ、たった1人の会社であっても、複利で自己資本を増やしていくことは可能です。毎年、自己資本に対して40％の利益などは難しいかもしれませんが、毎年、増えていく自己資本に対し10％の利益を出していく、というやり方でも立派に複利で増やしていくことが可能です。たとえ10％でも、続けていくと利益は相当大きくなり、自己資本はかなり増えていくことになります。

経営の基本として、このように自己資本を増やしていくことが大事です。ただ、自己資本を増やしていった先に何をしていくのか、ということは考えなければなりません。それは自分の人生観の問題にもつながってきます。これは、第7章でお話しします。

「自己資本」を増やすために必ずやるべきこと

前項では、経営の基本は自己資本をいかに増やしていくかであることを述べましたが、ここでは、自己資本を増やすために何をやらなければならないかを考えたいと思います。

基本は、複利で元本を増やしていくために、自己資本に対して何％の利益を出していくかを考える、というものでした。ここで少し分解して考えてみたいと思います。

例えば自己資本に対して何十％の利益を出すと決めたとします。ここで大切なのは、それを実現するために逆算して考える、ということです。

通常、会社や個人事業などの経営をはじめるとき、まずは売上がどれくらいあげられるかを考えます。売上がないと経営にならないので、たくさん売上があがるような事業を選ぶことは大切です。

しかし、売上が多ければ多いほどいいということではありません。売上が多くなると、自然と従業員を多く雇わなければならない場合が多く、それに伴いオフィスが必要となります。人や場所が必要になるということは、それ相応のお金（経費）が掛かることになり、その経費の増大により、さらなる売上の増大が必要となります。

まずは、**売上をなるべく多くするという固定観念を捨てましょう。**利益から逆算して考えます。つまり、まずは「利益を毎年どれくらい出すか」ということを考えるのです。自己資本（はじめに用意する資本金）が例えば１００万円だとしたら、その１００万円に対して何％の利益を計上するか、ということを考えなければなりません。本書では、この割合を１００％としたいと思います。つまり、資本金が１００万円であれば、税引き前で毎年１００万円の利益を出し、税金を引いたあとに残るお金が60万円（税率を多めに40％と計算します）になるようにするのです。そうすることで、年を重ねると自己資本が大きく増えていくことになります。

とにかくここでは、「資本金と同額の利益を出す」ということを覚えてください。

自己資本が増えていけば会社が強くなりお金も貯まりますので、少々のことで潰れたりお金が枯渇したりするようなことはなくなります。まずは数年、利益を出し続けることで自己資本を増強し、会社を強くしていくことが大切です。

このように、まずは利益を出すことを考えるのですが、その利益とは、粗利（売上から、その売上をあげるために必要な原価を引いた額）から経費を引いた金額になります。つまり、**経費を少なくして、粗利を大きくすれば利益が増える**ことになります。このように逆算するのです。

「売上を増やせば利益はたくさん出るのでは？」と思われるかもしれませんが、そんなことはありません。売上が大きくても、粗利が小さい（粗利率が小さい）こともありますし、経費が大きくて赤字になってしまうこともあります。ですから逆算する必要があるのです。

まず、経費はなるべく少なくします。特に毎月、毎年かかる固定費には注意です。固定費は、気にかけないでいると膨らんでしまいます。各種サービスを受けるにあたって、「毎月これくらいならいいや」と思っていると、いつの間にか利益を圧迫するようになります。家計についても同じで、**固定費はなるべく小さくする**ことが大切です。

そして、粗利（粗利率）を大きくすることが大事です。粗利は売上から原価を引いた金額なので、売上を大きくすることよりも粗利率を高くすることを考えましょう。つまり原価を小さくするということです。

売上をあげるのに必ず必要な原価率は、事業によって大きく変わります。例えば小売業や卸売業は薄利と言われるように、１０００円の売上をあげるために仕入が８００円かかるなど、原価率が高いのです。逆にサービス業などは、ほぼ原価がかからない事業も多くあります。

小さい会社においては、薄利多売よりも『厚利少売』のほうがやりやすいでしょう。扱える量が少ないのですから、なるべく一つの売上に対する利益は大きくしたいものです。

このように、利益をあげるために、売上や原価、経費などをしっかり考えて、自分の商売を築きあげることが大切です。自分の頭でこのような利益の出し方を考えていくことが、自己資本を大きくすることにつながります。

今の会社を潰して再生するという方法を考える

今、自分で事業を行っていてうまくいっていない人は、その会社や個人事業を潰して清算し、再生する方法を考えてみてもいいのではないでしょうか。

危機が起こったときに、応急措置で再生できるのであれば問題ないのですが、根本的にダメになってしまうような場合もあるはずです。多くの事業においては、それでも形態を変え、必死に踏ん張っていることかと思いますが、完全に転換してしまうことも考えてみたほうがいいでしょう。

同じ会社をずっと経営していくことはとても大切で、続けることによって得られる信用があります。継続的に利益を出していれば、その信用は固いものになっていきます。

しかし、会社の利益が出ないような状況では、個人（社長）が会社にお金を拠出し続けるような状況になり、会社としては負債が多くなってきます。そうなると、会社を続けていく意味がないように思われます。

このような場合、**会社を一旦清算して、個人事業から再スタートする方法を検討してもいい**でしょう。

私の知り合いにも、会社で売上があまりあがらず利益も出ないため、その会社を清算して個人事業に戻した人がいました。生き生きと仕事をされていることがＳＮＳから伝わってきます。

法人があれば、やれることやメリットがたくさんあります。法人で利益を出していればお金を借りやすいので、いざというときの資金に困ることが少なくなります。

「持続化給付金」（売上が前年同月比半減した月があった場合にもらえるお金）も、個人事業が１００万円に対して法人は２００万円もらえるなど、扱いが違います。

また、会社として経費を計上できるものが多かったりと、法人が持つメリットはたくさんあります。

ただ、売上が減ったりして損失を垂れ流している場合は、リスタートするのも一つの手です。身ぎれいにしてから、再度法人を立ちあげるというやり方を検討してもいいでしょう。

法人で借りているお金があるとか従業員がいるような場合は、なかなか簡単に法人を閉めることはできませんし、清算するにもある程度のお金がかかってしまいます。しかし、その法人を持っていることでストレスになるのであれば、いっそ潰してしまったほうがいいのです。

また、本当はあまり望ましくないのですが、利益の出ない法人をそのまま「休眠状態」(税務署や都道府県などに届け出を出して、会社を休業する)にしておくというやり方もあります。休眠した会社はいずれ清算するか再生させなければなりませんが、別の法人または個人事業で事業を立て直してから、元の会社を清算するという方法もあります。

第３章

これからの会社は
なるべく
小さくする

会社は普通大きくするが、これからは小さいほうがいい

この章では、「これからの会社は、小さいほうがいい」ということを説明します。まずは常識を塗り替えてください。

会社をつくったからには、基本的には人を多く雇い、売上を大きくし、利益を出して税金を払い、多くの人に商品を届けて社会に貢献することは大切です。それができる場合は、邁進してもいいでしょう。ただし、すべての人がそれを目指しても成功できるわけではなく、挫折して社会に迷惑をかけてしまうこともあります。それであれば、時代に合わせて小さい規模の会社をやっていくという道もあっていいはずです。

マルクスの『資本論』で書かれているように、「会社や資本家は、労働者が稼ぎ出す利益の一部（大部分？）を搾取して会社を大きくしていく」というのが基本です。しかし、時代と共に環境が変化し、それが難しくなってきたことは事実です。それならば、労働者からの搾取をあきらめ、**『自分という労働者』のみから搾取する**方法もありでしょう。

第1章でも述べたように、これから生産年齢などの人口減少に伴い需要が減り、全体の売上は下がると考えたほうがいいでしょう。そして、これからも繰り返し襲ってくる危機によって、一時的または半永久的に売上が減ることも考えられます。そんなときに生き残りやすいのは、小さな会社です。

例えば自分1人だけ食べていければＯＫ、というような会社であれば最強かもしれません。利益が極小でいいのですから、売上も極小でＯＫです。生活費や会社の経費などから逆算して1日の売上が1万円でＯＫ、などとなれば、それほど時間も必要なく実現可能でしょうし、本当に楽ではないでしょうか。

時間に余裕があるのなら、別の事業をやったり、別会社をつくったりして、プラスして稼げばいいのです。

会社は大きくして限界まで稼いでいく、というこれまでのスタイルと違い、必要な売上が少ないと、必要な作業が少なくなり、体力の消耗やストレスも軽減されます。そのため健康的になれますし、資金繰りなどに困って神経をすり減らすこともありません。

これからは、たった1人の会社であっても、稼ごうと思えば相当稼ぐことができます。例えばユーチューバーやアフィリエイターなど、ネットを活用して広告収入を得るような仕事でトップクラスの人たちは、人を雇うこともなく1人でやって億単位の収入を得ている人もいます。もちろん編集やサイトをつくるなどの作業は必要ですが、それほど高くない金額でそれらの作業の一部や大部分を外注することもできます。

人を雇うと、給与を毎月支払わなければならないですし、社会保険や福利厚生のことを考える必要があります。その雇った人の仕事ぶりや人間性などについても考えさせられることがたくさんあるでしょう。

組織になれば、連絡を密にして連携をしっかり取らなければなりません。さらに、社内の人間関係が等比級数的に増えるので、さまざまな問題が発生したりします。多くの人に同じ方向を向かせるためには、社長のカリスマ性も必要だったりします。

そういったことから解放されたうえに、多くの売上をあげられるのであれば、人を雇うことが馬鹿らしくなるでしょう。

会社は小さくして、その中で大きな利益、または最低限の利益を得られるように工夫してやっていくことが必要なのではないでしょうか。

人にはそれぞれ、いろいろな生き方があるので、画一的にこうしろ、というようなことは言えません。しかし私としては、「ごく小さい会社をつくってやっていく」ことを提唱し、それを行う人たちをサポートしていきたいと思っています。

大きくするより縮小するほうが難しい

「会社は、大きくするより縮小するほうが難しい」

これを、『山本の第1法則』として提唱したいと思います。どこでも言われていることかもしれませんが、実際に私も経験したことでもあり、税理士として日々いろいろな会社を見ている立場から、これは真実だと断言できます。

会社の売上を大きくし、人を多く雇って利益を極大化するということは難しいですし、大変です。それができる経営者の人を私は尊敬します。

規模が大きくなればなるほど問題も多くなります。商品やサービスなどの提供も増大することからクレームなども増えるでしょうし、外部要因から業績が悪化してしまうこともあるでしょう。これらをうまく乗り切っていかなければなりません。このような中で拡大を続けていくことは本当に大変です。

ただ、拡大したものを縮小することは、拡大を続けるよりも難しいというのが私の考えです。それを経験したことのある人は、同意していただけるかと思います。

現在の法の下では、従業員を解雇することにはかなり高いハードルがあります。もちろん心理面でのハードルも高いですし、人道的にもあまりやらないほうがいいことは確かです。解雇はしないで、従業員の意思で自然に辞めるのを待つことになる場合も多いでしょうが、そうなると縮小するにもかなり時間がかかります。

また、会社の設備などについても、縮小していくことは難しいです。会社自体の資産がたくさんありますし、オフィスには従業員などが持ち込んだ私物や、みんなが独自で使っているものも多く存在しているはずです。

私も、どんどんオフィスを小さくしていっていますが、もともと広い場所にあった荷物を小さい場所に持ち込むことは本当に大変で、相当数を捨てました（産業廃棄物として、お金を払って処理してもらいました）。

売上を減らすことにも抵抗があるはずです。今ある売上によって、一定の経費を支払っているはずです。売上が減ると利益も大きく減ってしまうため、会社の存続に影響を与えます。それならと経費を減らすことになりますが、それも大変です。経費の中には、一度契約したらなかなか解約しにくい「固定費」が多くあります。例えば水道光熱費や通信費などは、どうしてもかかってしまう経費であり、それを減らすというのは並大抵の努力ではできません。

さまざまなシステムの利用料や会費のようなもの、お金を借りたときの金利、保険料なども、いったん契約してしまうとそれを減らすことは結構難しいものです。

とにかく、今の状態で売上を安定してあげていき、利益を出していくことを考えると、縮小するのは本当に難しい課題です。だからと言って、今のまま続けていけば売上が下がって利益が出なくなります。もちろん、会社を大きくすることにかじを切ることを全く否定することはできませんが、それができない場合、小さくする準備を今からしておくことが大切です。

小さくしていく準備は、やろうと思えばいくらでもできます。まずは普段のコストダウンをやっていくことです。**とにかく毎月、経費を少しでも減らしていく**ようにするのです。

はじめにオフィスの賃料について、今より安い家賃のところで何とかできないか考えましょう。不便な場所になるかもしれませんが、これからは別に交通至便なところでなくても成立する場合が多いはずです。あまり出かけない、人に会う回数が減る、という時代になるわけですから。

水道光熱費や通信費などについては、毎日気を付けることで減らすことは可能ですし、電気会社を安いところに変えることも可能です。携帯電話も、格安ＳＩＭなどにして大幅にコストを減らすこともできます。固定電話なども、もう必要ないのかもしれません。

交際費などの費用も減らすことはできます。もう減っているかもしれませんが、出かけることが少なくなると、自然に減ってくるものです。

言い出せばキリがありませんが、このようにして**細かい費用、特に毎月かかる固定費を減らしていくことが大切**です。これらができれば、縮小していく準備になります。

危機に備えて会社や事業を縮小していく。これをやりましょう。私も十数年前にこれをやりだしてから、劇的にいい方向に進む形になっています。

自分1人でやっていくことのメリット

新型コロナの発生からはじまった危機を経験し、「これからは『個』の時代だ」ということがはっきりとしてきました。人に頼らず、自分1人でやっていくことが必要になることは間違いありません。というよりも、これまで人に依存することが多すぎたような気もします。

産業革命からはじまった「大量生産、大量消費」の時代が終わりを告げようとしています。多くの人が集まって何かをつくり、何かを消費するというのは、人口が増えている状態では、とても都合のいいことでしたが、人口が減っていく時代には、そぐわなくなりました。

大きな会社からはみ出てしまう人も増え、そういった人たちは個人でやっていくしかなくなります。もちろん、少人数で集まってやることが必要なこともあるでしょうが、基本は個人単位で何かを成立させていくことがこれまで以上に必要とされるはずです。

１人でやることには、本当に大きなメリットがたくさんあります。

まず、**誰にも邪魔されない**こと。共同経営という２人以上が共同で事業を営んでいく方法がありますが、崩壊しがちです。

２人以上の考え方が完全に一致するというのは難しいものです。結局はその事業をやめてしまうか、主従関係が生まれてどちらかが社長、どちらかがサポートするような形になることがほとんどです。考え方は人それぞれ違うため、利害関係が絡む難しい経営を行っていくためには、１人の考えに沿ってやるほうが続きやすいと言えるでしょう。

仮にはじめから主従関係があったとしても、従業員と社長の考え方が違ってくると、そこで問題に発展することも少なくありません。複雑な人間関係を事業に持ち込むことの意味はあまりなく、１人でやることが一番シンプルでいいやり方です。

次に**会社や事業を変えるスピードが速くなる**、ということもあげられます。

これからは何が起こるかわからない時代ですが、多くの人を抱えていて集団で変われない場合には、経済状況の悪化に押されて会社や組織がピンチに陥る可能性が高まります。

環境に適合させて変わっていかなければいけない時代です。1人であればいくらでも、すぐにでも変えることが可能です。

1人でやればもちろん**儲けやすい**こともメリットです。

1人で大きな収入を得られるチャンスもどんどん増えてきています。ユーチューバーなど、ネットを使って大きな売上をあげている人の中には、1人でやっている方も多いですし、目立たない仕事であっても大きな売上を1人であげている人はたくさんいます。1人でやれば、大概は売上のほとんどが利益となります。給料や家賃などの経費を払わなくてもいい場合が多く、非常に楽に利益を出すことができます。

このように、1人でやることのメリットは多いのです。何かをやろうと決めたときに、無料や少額で少しずつはじめて、検証し、うまくいきそうであれば少しずつ拡大していく。そんなやり方ではじめていけば、リスクも少なくなります。ぜひ今からでも、1人での事業を検討し、はじめていっていただけたらと思います。

儲けたい人は、1人で小さい会社をたくさんつくる

「1人で会社をやっても、限界があるし、大して儲からない」という声をよく聞きます。私が以前に書いた本を読んでくれた人のレビューにも、そういったことが書かれていました。もちろん、1人で事業をやることに限界はあり、大きく儲けることは難しいかもしれません。しかしそれにも解決法があります。一つの事業を大きく育てることも可能ですし、それができない場合は、複数の事業を1人でやっていけばいいのです。

そもそも、危機のときにでもビクともしない「1人でやる事業・会社」をつくるのが本書の目的ではありますが、そのような会社では、それほど儲けなくてもよく、最低限の稼ぎでも相当幸せに生きていくことを目標としています。「儲けなければいけない」「たくさんお金を使い、幸せに生きたい」という呪縛から逃れるということですね。

別に清貧に生きろ、ということではありませんし、お金をたくさん得るということを否定しているわけでもありません。多く稼いで、いい暮らしをするという目標を立てることも立派なことです。

1人で会社をやって成功したら、さらに儲けたい、たくさんのお金を得たい、と両取りを狙う場合は、複数の会社や事業をつくる方法がいいかと思います。会社をたくさんつくるとお金が結構かかりますし、利益が出なくても年7万円程度の税金がかかります。その税金が惜しいという場合は、法人と個人事業をやってもいいでしょう。もちろん、一つの法人や個人事業の中で、いくつかの事業を運営するというのもアリです。

今の時代、一つの事業を成功させること自体が難しく、生易しいものではありません。いくつもの事業を複数並行して行い、すべてをうまくいかせるというのも難しいでしょう。ですから、**まずは一つの事業を立ちあげ、それがうまく軌道に乗ったらさらに関連する事業を立ちあげ、それがまたうまくいったら次の関連する事業を立ちあげる**、という方法でやっていくことがいいかと思われます。

多店舗展開の飲食店を思い浮かべてみてください。多くの場合、はじめは小さな1店舗からはじまり、そこでの経営ノウハウが溜まってきて、黙っていても利益が出せるようになって、やっとそれから次の店を出しているはずです。そして、2店舗目が成功したらそのノウハウを使って3店舗、４店舗目を出します。それと同じで、一つの事業を軌道に乗せたら、次は同じようにやればうまくいくような事業を行っていくのです。時間はかかりますが、仕方がありません。

もちろん、一つの事業を成功させ、その経営ノウハウを使って全く違うような事業を行うこともありますが、それでも、そのノウハウを使うということであれば『関連する事業』になっているのです。全く関係のないものを複数、全部一から立ちあげていくことは難しいので、一つの事業で培ったノウハウを使って次の事業を展開していきます。

多くの事業を展開していくにあたって、もちろん、人の手を借りることは必要になってくるでしょう。それでも基本的には1人でやっていく、というのがこれからの時代を生き残っていくために必要なことになるでしょう。

１人での経営のやり方は、どのような事業を行うにしても基本的には同じで、「売上－費用」、つまり利益をできる限り最大化して、その利益（内部留保）を積みあげていく、ということが大切です。

まずは一つ利益を最大化できる事業をなるべく最小限の時間で行える体制をつくり、そ

こで余らせた時間を次の事業に投入していくわけです。そして、はじめの事業と次の事業において、最小限の時間で最大限の利益を獲得することができたら、また次の事業に時間をつくり、利益が最大化できる体制をつくっていく。このような形が理想です。

事業や会社という大げさなものではなくても構いません。

例えば、100万円の資本からスタートして、利益が100万円生まれたとしたら、その生まれた100万円を使ってまた新しい事業をスタートさせる。もちろん、はじめの事業においても100万円の利益は毎年出せるようにする（出せない場合は、その事業をやらない）。一つの例ではありますが、このように事業を展開していくのであれば、1人であっても大きく儲けることは可能です。

要するに、1人で最低限の労力を使って最低限の利益を出し続けていくやり方もあれば、1人で複数の事業を行って利益を最大化していくようなやり方もできる、ということです。可能性は無限大ですので、何も「1人だから、最低限しかできない」と悲観する必要はないのです。

小さいほうが身を守りやすい。国の補助なども有利だということが判明

新型コロナ危機によって、経営が苦しくなってしまった会社や事業はたくさんありますが、大きな規模の会社ほど厳しい状況に置かれたことは間違いないでしょう。たった１人であるとか、数人しかいないようなごく小さな企業のほうが生き残りやすいと痛感しました。

例えば、補助金や給付金の問題があります。

新型コロナ危機によって企業活動が制限されて経済が停滞しようとしているときにいち早く導入されたのが「持続化給付金」です。月の売上高が前年比で50%以上減った場合、法人に対して２００万円、個人事業主に対して１００万円（上限）が支払われるものです（課税の対象にはなりますが、返さなくてもいいものです）が、１人の会社であっても２００万円、１００人の会社でも２００万円です。定額なのはおかしいという声もありましたが、小さな会社ほど相対的に恩恵を受けたことは事実です。

資金難に陥った企業に対する融資も、とても有利な条件で使うことができました。月の売上が前年比5%減っただけで、相当低い金利（0・5%以下）で数千万円借りることが可能でした。もちろん会社が大きいほど借りられる金額も大きいでしょうが、小さな企業でも割と大きめの金額を低金利で素早く（手続きに少し時間はかかりましたが）借りることができ、恩恵を受けたはずです。

この他にも、相当な規模と相当なスピードで補助金などが出されました。もちろん、規模に応じて増減するものもありますが、休業補償金や上記持続化給付金のように定額のもの、上限があるものなどがあり、**超小規模の事業者にとっては相対的に有利**に使うことができました。

新型コロナ危機で、私のお客様も打撃を受けたところが多くあります。売上がかなり下がってしまい、数カ月ゼロという会社も多くありました。しかし、前記のような救済策や工夫、会社を変えていくことで全部の会社や個人事業が生き残っています。

一方、ニュースでは大きな企業の倒産や「こんなところが」という会社が潰れてしまいました。私の自宅の近くでも、隆盛を誇っていただろうホテルがなくなってしまいました。

1人や数人の小さな企業はなかなか潰れることがありません。特に社長1人だけの会社においては、社長の給与を下げ、コストダウンを行えば何とか持ちこたえられる、という場合が多いです。もちろん社長の家族を養うためには非常に厳しい状況ではあるのですが、危機が起こる前にも1人で利益をしっかり出している場合が多く、前記のような国の補助などのお世話になりながらなんとか(というか、余裕で)生き残っている場合が多いのです。**小さい企業は、人件費や家賃などの大きな固定費がもともと少ないため、損益分岐点売上高が低い**のです。少しの売上でも利益が出る構造を、ごく小さな企業ほど持っています。もともと、不安定な売上基盤に依存している企業も多く、売上が下がったときの対策も取れている場合が多いように感じます。

大企業では、雇っている人が多いために、売上が下がってしまうと人件費の支払いに苦労します。働いてくれる人がいなければ、会社は成立しません。会社としてはその従業員のために、何としても毎月同じ日に一定の額を支払わないといけないのです。休業をして雇用調整助成金をもらったとしても、その額はやはり充分なものではなく、全部もらえるというわけでもありません。人件費以外にも、固定費がものすごく多くかかっており、売上が減ったときのダメージは計り知れません。

これからも、身を守りながら経営をしていくために、小さくしておくことが大切ではないでしょうか。

6 小さいまま、大きな利益もあげられる時代

ここまで会社は小さいほうがいい、売上も小さいけれど固定費も小さいから身を守ることが容易いなどと、何度も書いてきました。ただ、ここで興味を失ってしまう人も多いでしょう。「そんなにちまちまと売上や利益をあげても意味がない、私はもっとスケールの大きな経営をしたい。もっと儲けたい」という人もいるでしょう。その願いをごく小さな企業でかなえられるのかどうか、考えてみたいと思います。

結論から言うと、もちろん、大きな利益をごく小さな会社であげることは可能です。

年間数億円の利益とまでは難しいかもしれませんが、たった1人、もしくは3～5人程度しかいない会社で1千万円以上、場合によっては数千万円の利益をたたき出している会社は結構多く存在します。社長の役員給与と従業員がいる会社については、従業員の給与を充分に出したうえでの利益数字です。

私のお客様の業種は多岐にわたり、ソフトウェア製作会社、タンクの管理会社、飲食店、不動産会社、運送会社、雑貨販売業、製造業、建設業、イベント業、馬主業などですが、多くの会社が1人もしくは5人くらいまでの人数でたくさんの利益をあげています。

あげてみて再認識したのですが、一度聞いただけでは理解ができないような、ちょっと特殊な事業を行っている会社も多くあります。つまり、**ニッチな事業を行って利益をあげているの**です。

そのような会社（個人事業も含む）の社長さんは、言い方は悪いですがちょっと変わった個性的な人が多く、自分の事業に対して非常に強いこだわりのようなものを持っています。「この仕事は自分にしかできない」と思われているような人が多いように感じます。そして、総じて仕事が好きで、自分の決めた事業に打ち込んでいる人がほとんどです。そうでなければ、小さい会社で大きな利益をあげるのは難しいと言えます。

これらの会社のすごいところは、毎年同じくらいの利益を少なくとも10年程度計上し続けているところです。私は税理士をはじめて15年になりますが、上記にあげた会社はほとんど10年以上お付き合いしていただいています。その間ずっと毎年、利益をあげ続けていて、決して少なくない（痛い）税金を支払い続けて、事業の継続をしています。本当に素晴らしいと思っています。

このような素晴らしい会社をつくるためには、どうしたらいいのでしょうか。今から、大きな利益を毎年安定して出すような会社をつくるのは難しいように感じてしまいますよね。

ただ、利益を毎年安定して出せる小さな会社をつくるのは、決して無理なことでもなく、それほど難しいことでもありません。まずは利益を出せる事業を見つけることが大切です。

私のお客様のほとんどは、会社に勤めている時期にやっていた仕事を続けている場合が多いです。前職で培った仕事のノウハウを生かして、自分1人もしくはごく小さな会社で、それと同じような事業を行っています。クライアントは、大概、徐々に獲得していっています。

新しい事業を一からはじめた場合もありますが、前職の人脈や伝手を生かしていることが多いです。

つまり、**前職（従業員時代）の職種、もしくは前職での人とのつながりのどちらかを生**

かして起業し、利益をあげていることがほとんどです。何もない更地からはじめて大きな利益をあげることもできなくはないでしょうが、かなりハードルは高いです。

これから事業をはじめる人は、今精一杯仕事をして、そこで得られたノウハウや人とのつながりを大切にしてください。すでに事業をはじめていて、小さく危機に強く、利益が出せる事業に変えていきたいという場合も、今やっている仕事、もしくは以前やっていた仕事のノウハウ、もしくは人とのつながりを生かして何かできないかを再考してみてください。きっと、利益を得るための何かが見つかるはずです。

第４章

売上が減っても潰れない会社をつくる

「絶対に潰れない会社」は存在する？

この章では、「絶対に潰れない会社」について考えてみたいと思います。常識ではあり得ませんが、潰れない会社は存在するのです。

潰れない会社の前に、潰れる会社のことを考えてみたいと思います。

一般的には、お金（キャッシュ）が回らなくなってしまった場合に会社が潰れます。お金が回らなくなるのは、支出が収入より多い場合に起こりやすくなります。売上金などの収入は、会社に入金されてはじめて使えることになりますが、元々あったお金（資本金ではじめに入金された額など）とその売上金などの収入が合わさったものから、仕入や経費に使うお金を引いた金額がプラスであれば、会社が潰れることはありません。

「収入－支出」がマイナスとなり、元々あったお金を、そのマイナス額の累計が超えるとお金が尽きて、会社は潰れてしまうということになるのですが、多くの場合はマイナスになってもすぐ潰れるわけではありません。
例えば手形や小切手での取引をしていて、その手形や小切手が2回不渡り（残高が足りず、支払いができない状態）になると、銀行取引が停止になり、借りていたお金を即時返さなくてはならなくなって、倒産が起こります。銀行からの借り入れを返せない場合も同じです。

社長など役員が会社にお金を入れて補填している場合や、銀行から借り入れをしていてそれが返せているときは、「収入－支出」のマイナスが続いても潰れるわけではありません。ただその場合、いつかは借り入れているお金を返せなくなることになり、会社の存続意義がなくなって、潰れるまたは自分で潰す、という形になります。

絶対に潰れない会社というのは、「収入－支出」がずっとマイナスにならない会社、またはマイナスになったとしても、そのマイナスの範囲でずっと借り入れ（役員や銀行から）をキープできて、借り入れを返せている会社です。

つまり、**会社をずっと続けていくためには、収入をある程度確保し、支出をコントロールすることで、支出が収入を超えないようにしていけばいい**、ということになります。割と単純なことです。

私のお客様のほとんどは、おそらくずっと潰れずに存続していく会社です。というのも、「収入－支出」がマイナスになることがまずないからです。収入が減ってしまったら、支出を何とかしてコントロールします。世の中にある他の会社もほとんどがそうではないかと思います。収入が支出を超えるのは、よっぽどのことです。放漫経営としか言いようがなく、そのような会社は経営している意味がないと言ってもいいでしょう。

中には、収入がほとんどない、という会社もあります。でも、少し収入があり、支出がゼロであれば、ずっと存続できます。法人であれば、毎年7万円程度は必ず払わなければならないのですが、それさえクリアできれば（つまり、「収入－支出」が7万円を超えていれば）ゼロ以下にはならず、会社は潰れずにずっと存続していくことができます。

売上がないのに潰れない会社のカラクリ

「収入−支出」がマイナスにならなければ、会社はほぼ潰れません。ほぼと書いたのは、自主的に経営をやめる場合とか、不祥事などにより営業ができなくなって潰れてしまうといった例外はあるということです。

ここでは、売上がゼロでも潰れない会社について考えてみたいと思います。

売上がゼロ、というのは少々極端ではありますが、実際に私のお客様にいます。前作の『社員ゼロ！　きちんと稼げる「１人会社」のはじめ方』でも書きましたが、葬儀会社で、仕事が入ったときに会場やお坊さん、手伝いのスタッフなどをコーディネートし、依頼に基づいて葬儀を行っている方です。

仕事が入ったときは収入金額（売上）が数百万円単位になり、葬儀の原価（変動費）がかかりますが、利益が出ます。その利益で、固定費を賄っているという経営のやり方です。

この会社はこれまでも、仕事のない時期が続いたことが何度かありました。花の調達などの小さな仕事が入る場合はありますが、葬儀のような大きな仕事が1年半くらいなかったこともあります。それでもこの会社は全く潰れる気配はありません。

この会社のすごいところは、原価はもちろんですが、ほとんどの経費を変動費化し、固定費がほぼかかっていないところです。固定費でかかっているのは、家賃と駐車場代だけと言ってもいいでしょう。事務所の家賃は東京都内にして3万円台で、仕事がないと社長はずっとそこにいてゆっくりしています。

私は顧問契約をさせていただいていますが、それさえも変動費化されています。大きな仕事が入ると私のところに電話がきて、やっと会計のチェックをしにいくことになります。訪問するとその場でそれまで溜まっていた顧問料を支払っていただけるのです。決算のときは必ず作業をしなければならないのですが、大体、決算前あたりにようやく仕事が入り、訪問してお金をいただくという流れになっています。仕事が入らないときは、仕事が入ってから顧問料をいただくことになります。

会社の固定費がほとんどかかっておらず、その固定費はこれまでの利益の蓄積や社長から会社への入金によって賄われていますので、どれだけ仕事がなくても、潰れることがありません。社長の役員給与もゼロにしており、社長の個人財産が少し心配ではありますが、おそらく前職の会社員時代から貯めていたお金で賄っているのではないかと思います。固定費が少なく、社長から会社に入れるべき金額自体がすごく小さいので、それほど心配はなさそうです。

この例はちょっと極端ですが、**固定費をごく小さくすることが重要**だということをわかっていただけたかと思います。そのうえで、**変動費もなるべく売上に対して小さい割合にし**、売上≒利益の状態をつくれば、売上が一定期間ゼロでも潰れることなくやっていけます。

ある程度、はじめの資本金は用意する必要があり、ときには社長（役員）から会社にお金を入れなければいけないこともあるかもしれませんが、そのお金がたくさんかかってしまったり、尽きてしまったりしなければ、ずっと存続していけるのです。

よく、会社を立ちあげたり起業したりして売上があがった場合に、調子に乗って固定費を増やしてしまう場合があります。それは、会社破滅への第一歩かもしれません。まずは、固定費を増やさずに売上を少しずつ増やしていきましょう。それが、危機がきて売上が減ってしまったときにも強い会社を生むことにつながります。

3

売上が少なくても潰れない会社のつくり方

売上がなくても潰れない会社のカラクリを前項で述べましたが、今度はそのような会社（事業）をつくるために、どう考え、どう行動していけばいいかについて解説します。

実際のところ、会社は売上がなければ潰れてしまいます。本来であれば、会社をつくる場合には、売上をあげることが大前提で、はじめに考えなくてはならないことです。しかし、何が起こるかわからないこの時代、逆の発想があってもいいのではないかと思います。つまり、売上がなくても会社を存続させていくためにはどうすればいいかを考えるということです。とんでもないことかもしれませんが、今の時代だからこそ考えてみます。

売上がなくても会社が存続するためには、経費（固定費）が限りなくゼロに近い、という前提が必要になるでしょう。

例えば、資本金１０００万円を会社に入れて起業した場合、１年間に１０００万円の固定費を使うと、1年間でお金が枯渇します。その後何とかして経営者の懐からお金を持ってきて会社に入れれば存続できますが、それができない場合は試合終了です。

その点を考えると、少しは多めに会社にお金を入れておくことを思いつくのではないでしょうか。

せっかく会社を興すのであれば、まずは会社員やアルバイト、その他でお金を貯め、そのお金を元手（資本）として事業を開始したいものです。

例えば300万円入れることを考えてみましょう。このとき、使うお金（固定費）が同様に月10万円で売上がゼロの場合、30カ月つまり2年半で資金が枯渇します。そうであれば、固定費をもっと下げられないかを検討します。

前項であげた葬儀会社の家賃は東京都内で3万8千円ですが、それくらいの物件がないか探します。それが無理であれば、田舎の使っていない古民家を相当安く譲ってもらうなどすることも可能かもしれません。これであれば、固定費はその古民家の維持費（固定資産税なども含む）だけになるので、安く済むはずです。土地だって、お金を払ってでも売りたい（処分したい）人はいるはずです。そのような物件を地方で探してみるのもおもしろいでしょう。

固定費が例えば月５万円に抑えられれば、その分売上がなくても延命は可能です。この場合は60カ月、つまり５年もつことになります。

売上が５年間なくても会社が潰れない、これはすごいことではないでしょうか。

でも、今の世の中であればそれも可能です。移動なし、ミーティングはオンライン、家賃さえも自宅でやれば不要です。通信費も今は安く済ませることができますし、印刷もしなくていいので紙代や文房具代もほぼいりません。

はじめから、売上をたくさんあげて、経費をたくさん使おうという発想ではじめるから苦しくなってくるのです。**売上なしでも数年やっていける計画を立てる**手法が、今後増えていくのではないでしょうか。

さて、ここで疑問に思った人がいると思います。「社長や家族の生活はどうするんだ」と。確かにそうです。その会社をつくる人、その人の家族の生活を維持していく必要があります。ですからある程度の給与は、もらう必要があるわけです。給与をもらえばその分、売上がなくても会社が潰れずに継続できる期間が短くなってしまいます。

ここではじめて、**必要最低売上額を考えていけばいい**のです。

例えば生きていくために、月20万円（税込み）が必要というのであれば、年間240万円の給与をもらわなくてはなりません。先ほどの例で固定費が5万円ということであれば、月25万円は必要となります。そうなると300万円の資本も1年で枯渇してしまいます。

これでは意味がありませんので、年間経費の300万円をカバーする売上をつくろう、という話になっていきます。

年間の売上300万円をキープできれば、税金は年間約7万円（売上－経費がゼロのため）かかりますが、お金が減るのはその7万円だけなので、数十年は会社がもつ、という計算になります。

人が生きていくためには売上がゼロというわけにはいきませんから、このようにして、逆算して計画を立てれば、最低限の売上でもやっていけるということが確認でき、安心して仕事を行っていけるのではないかと思います。

私は新型コロナ危機において、「もし今の税理士事業の売上がゼロになったらどうするか」ということを必死に考えて、その対策案をノートに書いていきました。その結果、家族４人が生きていくためには教育費もまだ結構かかりますし、売上がゼロではどうしてもやっていくことができなくなります。しかし、新しい最低限の売上をつくることと、お金を一時的に借りたりすることで、何とかやっていける感触を摑みました。今の税理士事業の売上がゼロになっても、本の印税収入や、他にやっていることからの収入、これから収入を何とか増やしていくことで、生きていくことは可能です。子どもたちが大学を卒業して自立すればもっと楽になり、必要売上は大きく下がります。

もちろん、売上が完全にゼロであれば、どのような場合でもやっていけませんし、経営している意味はないかもしれません。第2章で述べた「自己資本を増やす」こともできなくなります。しかし、「もし売上がゼロでもやっていけるか」を考えることはとても意味があることです。そして、少しの売上をどう積みあげていくかをゼロベース（もともとない状態）から考えていくことが大切です。

このような計画を一度立ててみてはいかがでしょうか。

売上を追わなくてもいいと、何かとラクになる

売上がゼロだとさすがに経営が苦しくなってきますが、「最低限の売上でＯＫ」という考え方で必要最低売上高を把握していると気持ちが楽になり、細かいことを気にしすぎず大胆に行動することが可能です。

売上を毎年、右肩上がりに増やそうとすると、無理を強いられることがあります。

売上が増えると、その増えた売上分の仕事が増えるため、人手が必要となります。人が増えると、オフィスを拡大する必要があり、その家賃や支払う給与や付随する経費などが増えていきます。

さらに、オフィスや工場、店舗などが増えると、その設備に使うためのお金が必要となり、借り入れをすることになります。今は相当な低金利なので、借り入れの返済は比較的楽ですが、元本返済のためには必ず毎月一定の金額が必要となります。

そして、そのお金は売上を増やすことで賄うこととなります。売上を増やすということはまた人手が必要になるので、ずっと成長を続けなくてはいけません。

それらが苦もなくできるのであればいいのですが、なかなかそうはいきません。従業員を増やしていき、場所を拡大して設備を多くしていくような段階で、必ずいろいろな問題が起こります。組織が大きくなればコンプライアンス意識も高めなければならず、しっかり管理していかなければ会社の存続にかかわります。そのためにまた人が必要となる場合もあるでしょう。

現実的にも売上を右肩上がりに増やしていくのは、人口減や仕事を奪う機械・ＡＩなどに対抗していくことなので、難しいと言わざるを得ません。

売上を追わないでいいとなると、とても楽になります。増えていくいろいろなものに手を焼かなくて済みますし、気分的にも一定の精神状態をキープしながら進んでいくことができます。それはとても大事なことで、**大きなストレスを抱えながら仕事をするのとそうでないのとでは、経営や人生に大きな違いが出てくる**でしょう。安定した状態でやっていければ、ずっと続けていくことができるはずです。

売上は減らしていくけれども、利益は増やしていくという形が理想です。これはなかなか難しいですが、コストダウンを常に行っていくことで可能となります。コストダウンをするということは、人や場所、設備などに依存しないで経営をしていくということです。今の時代、オンラインで何でも行うことができ、設備などもだんだん必要なくなってきています。ですから、あなたの事業でそれが可能かどうか考えてみてはいかがでしょうか。

売上至上主義をやめ、売上が下がっても利益は減らさないような経営を目指して計画を立てていきましょう。売上を一定にしようとしても下がってしまうこともあるので、微増を目指すくらいがちょうどいいのではないでしょうか。会社や事業にとって特段プレッシャーもなく、ずっと同じようにやっていける売上のレベルがいいと思います。

5 売上がない場合の計画を立ててみる

新型コロナ危機が世の中に蔓延した時点で、私は売上が減ってしまう可能性を考えました。最悪の場合、売上がゼロになる可能性があるとも考えました。そして、そうなった場合にどう行動するかを決め、記録しておきました。

まず、売上がゼロになった場合に、**事業の損益はどうなるかを考えます。**事業で必要な原価や経費については売上に連動しているもの（変動費）も多く、売上がなくなったときに必要なくなるものも多いため、多くを削ったり、最低限の額にしたりすることが可能です。

私の場合、売上がゼロになったら、まずは事務所をなくし、自宅などで仕事をする体制に変更します。事務所はあったほうが何かといいのですが、背に腹はかえられません。事務所がなくなると、それに伴っていろいろな経費が必要なくなります。水道光熱費などは、厳密に言うと自宅で使っているものの一部を事業用に計上することになりますが、家にいるからと言ってそれほど多額になることはないでしょう。
売上がゼロになれば、移動する必要もなくなりますので、交通費などもほとんど要らなくなります。その他、移動したり人と会ったりしないことによって減る経費もいろいろとあるでしょう。

売上がゼロでも必要なのは、税理士会の会費と会計ソフトや税務ソフトの料金でした。税理士としての売上がゼロになった場合、そこからの売上を一切あきらめるのであれば必要ありません。しかし、税理士としての売上を再度あげていくつもりなので、必要経費として計上することにしました。

これらを踏まえ、最低限必要となる経費は10万円程度になると計算してみました。

次に、**家計について考えます。**売上がゼロになれば、自分の給料もゼロになってしまいます。それでも生活していくためには家計から何を削っていくか、逆に何がどうしても必要なのかを考えて、リストアップしていきます。売上がゼロで給料がゼロということは、もちろん贅沢はできません。最低限の生活をしていくことになります。それを想定して、家計において必要な経費をリストアップするのです。

携帯は家族全員で格安ＳＩＭに変え、車をあまり使わないようにします。元々車の維持費はほとんどかかっていない低コストの車を使っています。もちろん、水道光熱費なども節約して最低限にします。電気会社の変更なども検討します。

自宅は売却を考えます。ローンが終わっているのであればそのままでいいでしょうが、ローン残高があり、その残高を今の評価額（周辺の相場などをネットで調べられます）が上回っていれば、売却を検討して手元に現金を確保するということもアリでしょう。実家に住めるのであればそれも検討していいかもしれません。なんたって売上がゼロになる緊急事態なのです。世間体とか親への遠慮なども、言っている場合ではありません。

親頼みという意味では、借りられるのであれば一時的にお金を借りることも考えたほうがいいでしょう。住宅ローンの残高とか、子どもの教育費（これからかかる学費など）も、親から借りてあとで返していく、というやり方もアリです。

お金を借りると言えば、**事業として売上が減ってしまった場合に受けられる融資はたくさんあり、そのハードルは低くなっています。**３年間無利子のうえ、返済猶予があるものもあります。金利も相当低いです。借りられるのであれば借りることを検討してみてください。

売上がゼロになれば、もちろん、日々の小遣いなども減額です。飲みに行くこともできないでしょう。

このようなことを検討した結果、私の場合、教育費なども結構ありますので、家族4人で月30万円程度（親に借りた場合の返済額も含む）は、かかることがわかりました。

前記のことから計算すると、家計30万円、経費10万円がどうしても必要となり、40万円（税引前）の売上は必要ということになりました。ここまでわかると、ではどうやって売上ゼロから売上40万円に増やしていこうか、どうやって行動していこうか、ということを考えられるようになります。

本業（私の場合税理士業）で、また売上を復活させられるか、ということも考えなければなりませんし、その他の収入をどう増やしていくかを必死になって考えるのです。新しいこともやらなければならないですし、頼れるところには頼らなければなりません。そうやって、また売上を積みあげて、最低限生きていけるようにする。こういうことを考えておくことが大事になります。

6

「売上≒利益」の会社をつくる

前項で書いたように、売上がゼロになってしまったと想定して、会社や事業、家計を再度考え直していく、そして売上を新たに積みあげていくことは大切な作業です。それとは別に、会社（事業）自体の構造も考える必要があります。効率の良い会社、つまり売上が利益にダイレクトにつながっていく会社をつくっていくのです。

粗利はとても大事です。第2章でも述べましたが、粗利は簡単に言うと売上からその売上をあげるために必要な費用（原価）を引いたものです。売上マイナス原価が粗利となります。売上総利益という言い方もします。

粗利が売上に占める割合を粗利率と言いますが、特に極小の会社（1人でやっているなど）であれば、この粗利率を極大（１００％）に、またはなるべく大きくしたいものです。「売上≒利益」を目指していくことが、極々小さい会社や事業においては大切になります。

粗利率は、商売によって違ってきます。例えば卸売業（会社などの事業者から仕入れた商品をそのまま事業者に売る商売）や小売業（事業者から仕入れた商品をそのまま一般消費者に売る商売）では、割と粗利率が低くなります。10％や20％の薄利も珍しくはありません。つまり、１００円の売上をあげるために80円ほどの原価がかかってしまうということです。

「薄利多売」という言葉があるように、そのような商売を行って多くの利益を出すためには、多くの売上を計上しなくてはなりません。そうなると人手や手間が多くかかり、結局利益があまり残らない、といった事態になりかねません。**1人など少人数でやっていく場合は、粗利率が大きい事業を選ぶ必要がある**ということです。

粗利率が大きい事業の代表例は、サービス業です。サービス業と言ってもいろいろありますが、究極的には社長が1人だけで続けていけるような事業がいいでしょう。コンサルタントであれば、仕入はほぼない（書籍など知識の仕入れは必要になりますが）ので、粗利率１００％と言うことができます。

ここまでＩＴ技術が普及してくると、ネットを使って粗利率１００％の商売を行うことも可能です。電子的な商材を売るような事業では、粗利率はほぼ１００％となります。厳密に計算すると商材をつくるためのコストを原価として計算し、粗利率は１００％にならないかもしれませんが、仕入れるものなどはほとんどなく商売を続けていくことが可能ですので、粗利率１００％を目指せます。

動画をYouTubeなどにあげて広告費を得るような商売（ユーチューバーなど）も、粗利１００％と言ってもいいでしょう。編集などを外注するとその分原価がかかり粗利率１００％ではなくなりますが、その原価も些少なものにして粗利率を高めることが可能です。

粗利率が１００％の仕事は広げることが容易く、顧客を増やすことで売上を拡大していくこともしやすいのです。例えば前述のユーチューバーであれば、再生回数や登録者数をどんどん増やしていくことで単価があがり、原価は変わらないのに売上が増えていきます。その分、粗利率がどんどん上昇して１００％に近づくことになるでしょう。

正直言うと今からユーチューバーで多くを稼ぐのは難しいでしょう。しかし、このような新しいサービスや事業の形態はこれからもどんどん出てきます。早く見つけて、やりはじめて続ければ、大きな売上をあげる可能性は残されています。

結局は『超コストダウン』が重要

極々小さな規模の経営においては、「売上≠利益」という形にしたいと前述しましたが、それを実現するためには「超コストダウン」が必要です。すでに経費を多く使ってしまっている会社は、経費を極限まで削っていかなければなりません。

経費は、売上に伴って増えていく「変動費」と、売上に連動せず常にかかる「固定費」とに分かれますが、変動費は売上をあげていくためには必要です。できれば売上に対する割合は小さいほうがいいですが、ある程度は仕方がないものです。

変動費の割合が高い商売であるのなら、売上をある程度増やさなければなりません。1人経営においては、売上はあまり多くないほうがいいのですが、手がかからないのであればそれほど気にすることなく売上を増やしても構わないでしょう。

問題は固定費で、固定費が増えると粗利（売上－原価もしくは変動費）を大きくしないと利益が出ないので、なるべく小さくできるように努力します。

固定費を『超コストダウン』するのは結構難しいですが、いろいろな考え方を利用してそれを実現することができます。私が一番おすすめしたいのは、「ゼロベース発想」です。以前私が勤めていた会社で言われていた言葉で、「もともとないものと思って考えよう」ということで、これを固定費のコストダウンに流用し、「もともと、それがないものであれば実現可能だろうか」と考えるのです。

例えば、多くの会社がオフィスを利用していると思いますが、オフィスを借りるとなると、敷金や礼金、保証金（返ってくることもありますが）などのイニシャルコストがかかります。そして、毎月の家賃や共益費などもかかります。

このときに、オフィスをなくしたらどうなるか、ということを考えてみるのです。つらい思いをして通勤をさせ、人を集めることが本当に必要なのか、といった議論がなされたり、人を同じ場所に集めて仕事をさせるという今までの常識が疑われたりしてきています。人を集めないでテレワークで成り立つのであれば、オフィスは必要ありません。オフィスをなくしていこうとする方向の大企業も出てきました。

同じように、**必要もないのに使っている経費はたくさんあるはずで、これらを見直していきます。一つ一つ丁寧に見直して、固定費を減らしていきます。**そうやっていくと、気づいた頃には利益が出やすい会社に変身しているはずです。

固定費の見直しは、結構面倒くさいです。サービス提供側が解約をなるべく減らすためかどうかわかりませんが、いろいろな作業が必要になります。しかし、一つ一つ丁寧に対応して固定費を減らしていくことは必要です。

コストダウンが達成できれば、得るものは多いです。ぜひ売上≒利益の状態を目指し、取り組んでいきましょう。

第５章

人と会わなくても
利益を出せる
会社をつくる

多くの人と会い、触れ合わなければいけない時代は終わった

新型コロナ危機により人と人とのかかわり方がガラッと変わってしまいました。人との触れ合いは、とても大切なことですし人間として必要なことですが、最小限にならざるを得ない状況になってしまったのです。

私は2020年の3月くらいから、ほとんど人との接触をしなくなってしまいました。飲み会などには全く行っていませんし、電車にも乗っていません。しかしそれでも、一応仕事はできており、オンラインですべてのことをやっているような状態です。接触しているのは、同居している家族だけです。

親とも会えなくなってしまいました。万が一高齢の親にウイルスを感染させるようなことがあったら、後悔のしようもないからです。

人との接触や移動をなるべく避けるという風潮は、今後もずっと続く可能性があります。

インフルエンザや風邪にかかるだけで大変なことになる（極端に言えば、死ぬ可能性がある）かもしれないということが認識されましたし、また新たなウイルスが出てくる可能性もあります。

であれば、そうした**変化に対応した生き方や仕事のやり方をしていく**しかありません。すでに対応して変化した企業や人は少なくないはずです。人の対応力のすごさに私は驚いています。

本書で強調したいのは、このような世の中になってしまったからには、それに対応して仕事や経営をやっていける・生きていける態勢をつくることが大切だということです。つまり、人との接触や移動を前提にした仕事をしている場合は、そうではない仕事に全部か一部をシフトしていくことであり、経費を減らしコストダウンすることであり、そんな状況でも利益が出るようにしたり利益を増やせるようにしたりする、ということです。

元に戻そうとする気持ちはよくわかりますし、これまでの仕事のやり方や生き方が自分に合っていてそれを続けたい、という気持ちもよくわかります。しかし、変わってしまったものに抗わず、対応していくことが大切なのです。

2 人と会わなくても大丈夫でいられるか？

小さい規模で経営を続けていく場合、前述したように、これからは人と会わなかったり移動をしなかったりしても商売が成立するようにしていかなければなりません。中には、動いていないと死んでしまうマグロのように、「人と会わなければ生きていけない」という人もいるかもしれませんが、経営の形も変えていかなくてはならなくなりました。

人と人が会い、触れ合って楽しむようなことを自由にできる状態であればいいと思います。しかし、大きな力に逆らうことは難しいものです。新型コロナ危機のような状況になってしまったら、それに『対応する』ということも考えなければなりません。

対応するためには、人と人が触れ合わなくても成立するような事業も進めていく必要があるでしょう。コロナ禍の中で進んだ「オンライン」の出番かもしれません。**すべてのことをオンラインでやるのは難しいですが、多くのことは対応可能**です。

私の税理士事務所のお客様の中には、割と大きなイベント（入社式など、会社の採用などに関するイベントが多い）を行う会社があるのですが、新型コロナ騒動の中、すべてのイベントが中止となり、オンラインでの開催となりました。それでも、会社の特色を生かし、オンラインで素晴らしいイベントを開き、仕事をやり遂げました。その結果、それほど収益が下がることもなく、さらにオンライン化でコストダウンを進めることもできたため、会社はビクともしませんでした。私はこの変化の速さと対応力に驚かされました。

他のクライアントも、特に売上の減少が問題にならないくらいに素早くオンライン化に成功し、人と人が触れ合えない世の中でも堅実に稼いでいっています。

私も仕事の性質上、お客様と直接お会いしたほうがいいに違いないのですが、それができなくても何とかオンライン対応をして、今のところ大きな傷を負っていません。

人と会ったり触れ合ったりすることができなくなっても、それに『対応』していくことが本当に大切です。

これまでも、リーマンショックなどで不景気になった際も、何とか対応した会社が生き残りました。いつでも構造は全く同じです。対応できたところが残り、残念ながら対応できないところは潰れたり、事業が継続できなかったりするのです。

起こったことは仕方がありません。それに対して文句を言っている間に何か対策を考えないと、事業が終わってしまいます。起こってしまったことには対応し、何とか生き残りの道を探るのが正しい姿勢です。

表題の「人と会わなくても大丈夫でいられるか？」とは、「このような状況になっても、対応することができるか？」という意味です。どうしても我慢ができなくなり、対応できない人が一定数います。経営をするのであれば、環境に対応する必要があります。小さな規模の経営においては、対応がしやすいことは事実です。

まずは環境に対応しやすい小さな会社をつくりあげて、危機が起こっても対処できるようにしていきましょう。

3 発想の転換。人と会わないほうが儲かる

これまでは、人と人が会って接触したり、移動したりしなければ成り立たない商売が多くありました。しかし、新型コロナ危機の中、多くの企業や経営者、従業員などが努力し、人と人が会えなくても商売が成り立つようにしてきたのです。もちろん、どうしても人がこなければ商売ができない飲食業や交通関係、観光業などはありますが、多くは工夫をしながら商売を成り立たせて経営を続けています。

新型コロナ危機以前のような社会にすぐ戻るとは到底思えません。ですから、発想を変えることが必要です。人と人が触れ合わなくても儲かるような商売を組み立てていかなければならないのです。

つまり、これまでとは発想を１８０度変え、**人と人が会わなくても、人が集まらなくても、移動をしなくても成り立つ商売をしていく**ことが大切です。そして、そのほうが儲か

るという状態を目指すのです。

そもそも新型コロナ騒動以前に、無駄な会議やミーティング、無駄な会食や飲み会、無駄な移動などをやっていませんでしたか。すべてが無駄だとは思えませんし、人同士が会って話をすることはものすごく大切です。それで成立していた商売もたくさんあるでしょう。

しかし、**無駄なものが自然に排除されたことで、コストダウンにつながり、売上にもさほど影響がなく、結果的に利益が増えたという会社や事業も多い**はずです。

私も、「売上がゼロになってしまうかもしれない」という恐怖を前提に、コストを徹底的に見直しました。そうすると、これまで無駄に使っていた費用がどれくらいあったかを知り、愕然としました。

そして、無駄な経費をゼロにしていくために、いろいろなサービスを検討しました。もちろん有料のものもありますが、多くは無料、もしくはこれまでより大幅に安いコストで実現できるものが多くあると知りました。

一つの例ですが、例えばZoomなどは、1対1や数名でのミーティングであれば無料で行えます。ZoomだけでなくLINEで顔を見ながらミーティングをすることも可能ですし、他のサービスもたくさんあります。

また、外食や飲み会が極端に減り、経費が減りました。交通費や移動に伴うさまざまな経費も大きく減りました。その分外食産業などは厳しくなってしまうのですが、ある外食店に対しては、私は飲食代の先払いをしたり、顧問料を減額したりするなどして対応しています（それだけでは充分でないかもしれないのでいろいろアドバイスをさせてもらって何とか事業継続のお手伝いをしています）。

時間ができることによって、営業活動に時間を使うことができたり、既存のお客様に対してきめ細かなサービスをしたり、追加の売上を計上することができたりした方も多いでしょう。時代に合った新しい事業に乗り出して成果をあげはじめている会社も多いはずです。

このような状況になってしまった以上、前のやり方に戻すことには無理があります。人と会ったり移動をしたりすることが最小限になっても儲かるような事業をやっていくことは可能です。じっくり考え、実行していきましょう。

4 引きこもりでも成立する会社を考える

「引きこもり」。一般的には忌避される言葉ですし、あまりいい印象を与えないかもしれません。確かに実家に寄生して、家事の手伝いを何もせずにずっと過ごしているのは良くないですが、外にあまり出ないという意味での引きこもりについては、別に忌み嫌う必要はないでしょう。

逆に、この時代においては、「引きこもりでも成立する会社をつくる」ことが大切になってきます。移動もしづらい世の中なら**「積極的に引きこもり、研究や勉強、調査などを重ねて、1人で稼ぐことができる」ようにする**べきではないかと考えています。

ネットを使って、自宅や自分の事務所などで何でもできる時代です。小売業や卸売業なども仕組みを使えば1人でもやることができますし、もちろんサービス業も、人と接しなくても自分のスキルなどを提供することができます。

これまでは大きな機械と人手を要していた製造業なども、３Ｄプリンタを使って行うことができる可能性があります。

ＩＴやＡＩ、ロボットなど、最新鋭の叡智を使うことができれば、１人で引きこもってどんなことだってできると考えてもいいでしょう。

また、他の会社がやっている事業をやりたいけれども資金や人手がないという場合は、例えばそのやりたい事業を行っている会社の株を買い、その会社が成長して業績が良くなるためにはどうすればいいか考えるなど、疑似的に経営をしてみればいいのです。そのような投資行動を行って事業を運営していくことも可能に違いありません（１人で運営する持ち株会社みたいなものです）。まだ株式を市場に公開していない会社に投資（エンジェル投資）し、応援していくこともできます。うまくいけば、大きなリターンを得ることも可能です。

このように、**どんな事業でも考え方を一つ変えれば、１人でも引きこもってやることができる**のです。

住んでいるところさえあれば、そこに引きこもって1人で会社をつくり、1人で事業を行っていくことができます。それどころか、今は「アドレスホッパー」のように、住所が決まっていなくてもやっていける時代です。まず会社をつくってしまえばいいと思います。

少しの資金で会社をつくることは可能です。会社をつくる資金がなければ個人事業を開始するだけでも大丈夫です。そして、1人でこもってできることを必死になって考え、実行していけばいい。ただそれだけです。

「1人で引きこもって会社とか事業なんて無理」というのは、昔の話です。これからは、どんなことだって可能なのです。1人で引きこもって事業を行うことができ、儲けることができれば最強です。移動の時間も必要ありませんし、人との争い、いさかいなどで消耗することもありません。可能性を捨てず、トライしてみましょう。

5 特定の会社や人以外から売上をあげる

ここで商売や売上の話をしたいと思います。

引きこもって会社や事業を運営し、売上をあげていくのであれば、これからはいろいろな方法があります。

これまでは、特定の大きな会社から仕事をもらい、その仕事を外注先に振ったり自分でやったりして、その売上から仕入や外注費を引いた額が利益になる、という「下請け」の商売が多くありました。また数名や数社と直接取引をして売上をあげていく、というのが主流でした。

しかし、小さい会社を経営をしていくのであれば、そのように特定の会社や人から売上をあげるよりも、不特定多数を相手に商売をする、顧客がお金を払う痛みを伴わない売上をあげる（Youtubeで広告料をもらうとか、株式市場などで利益を出す）、などを考えていったほうがいいかもしれません。

今は、お得意さんと直接取引をするより、ネットを使って不特定多数から売上をあげていくほうがやりやすい時代になっています。すでにそうやっている会社や人は多くあります。

特定の顧客をなるべく多くし、月額料金などの定額を支払ってもらうことで、一定のサービスを提供する「サブスクリプション（サブスク）」と呼ばれている形態も注目を浴びています。

どんなサービスや事業でも、サブスク化をしようとすればできなくもないと言えるでしょう。小売業であれば、毎月一定の数量や金額まで購入する権利があるというやり方もできます。サービス業では、毎月○回まではそのサービスを利用できる、というようなやり方です。

サブスクの売上を増やしていくと、大きな伸びは期待できないかもしれませんが、基盤が安定していきます。毎月10万円ずつサブスク売上が増えていけば、解約がない限り年間120万円の売上になり、それがずっと続くということになります。買い手が増えることによって手間やコストが増大してしまうと苦しいですが、顧客の増加よりもコストなどの増大の割合が小さいと、利益もどんどん積みあがっていきます。このような特長があるので、今企業はこぞってサブスク売上を増やし、解約率を小さくするといった取り組みをしています。

会社が小さくても、サブスク売上を増やすことは可能です。

私が行っている税理士業務もサブスクのようなもので、月額料金をいただいて、申告書など各種税金関係の書類作成や相談業務を行っています。解約率は低いので、ずっと売上が積みあがっていきます。私はすでに拡大をしていないのでそれほど利益が増大していくわけではありませんが、他の税理士事務所はサブスクの特長を利用してどんどん拡大していっています。

小さな会社や１人の会社であっても、サブスク売上を増やしていくことを検討し、手間やコストを増やさず利益を増やしていく方策を考えましょう。

表題の「特定の会社や人以外から売上をあげる」という意味では、顧客と直接やり取りをして売上をあげるのではなく、目に見えない顧客もしくは、スケールの大きな市場などから売上や利益をあげていくという方法もあります。

例えばアフィリエイトであれば、広告を自社サイトに掲載し、それがクリックされたり商品が購入されたりすれば報酬（売上）が入ることになり、顧客は広告主（例えばGoogleやAmazonなど）と言えます。株式取引によって利益を得るのであれば、市場全体が顧客ということができます。

顧客と直接やり取りをして売上をあげるためには、そのやり取りをするためのコストが発生しますが、大企業や市場全体から売上をあげるに際しては、それは必要ありません。

ごく小さな会社や個人事業においては、売上をあげるための手間やコストを極限まで小さくして事業を行っていくことが可能です。それが利益につながり、何らかの危機やトラブル対策にもなります。ぜひ、こういったことを考えてみてください。

まずはネットから売上を得ることを考える

ごく小さな会社や個人事業などでは、前項のように顧客を直接意識しない商売のほうがやりやすくなります。それでは具体的にどうすればいいいか、検討していきましょう。

２０１０年代半ばくらいまでは、店やサービスの内容をネットを通じて人々に通知することや、会社のホームページやＳＮＳを使ってさまざまな発信をしていくことが主流でした。しかし今では、ネットの中で商売を完結させることがあたりまえになりつつあります。飲食店ではデリバリーサービスの活用や持ち帰りの予約、ネットでの来客予約などは当然で、そこから一歩進んで、例えばバーチャルで店の利用をしてもらうことなども考えなくてはいけなくなっています。

小売店などでも同じで、従来は対面のリアル店舗で営業を行い、ネットはサブ店舗的な位置づけでした。しかし、リアルでの商売が難しくなったことで、ネットだけで商売をすることが普通になってきています。リアルな店舗を持つとその家賃や運営費が多くかかりますが、ネット上の店舗であれば、売上の数%の手数料を払えば済む場合なども多く、これまで固定費（毎月かかる費用）だったものを変動費（売上に伴って発生する費用）化することが可能です。ネットショップも随分簡単に設置、運営ができるようになっています。もちろん、そのネットショップの存在を知ってもらうことが必要で、一朝一夕にはうまくいきませんが、ある程度の期間続けることでそれもできるようになるはずです。

ネットショップでは、目に見える品物だけではなく、動画や音声データなど、ネット上に存在するデータだけを売ることも、あたりまえになっています。また、専門知識や相談業務などをネットで販売することもできるようになっています。私がやっているような税務関係の相談業務なども、ネット上で完結させることが可能です。

時代は変わったものだと感じますが、これらを活用していかないことには、商売を続けることは難しいでしょう。

最近では、クラウドを利用した商売なども勢力を伸ばしつつあります。

例えば顧客のデータをクラウドで管理し、顧客にクラウドを利用してもらうことで成り立っている商売や、前述したような「サブスク」的な、定期利用してもらうような商売も普通になってきています。なかなか説明が難しいような商売もあり、体感してみなければわからないものもありますが、まずは興味を持ってみること、やってみること、やれそうであれば続けてみることが大事です。

これからは、どんな商売・どんな仕事をやるにしても、まずは**ネットだけでやっていけるか、そしてネット上のサービスを使って売上をある程度伸ばしていけるかどうかを検討**してください。そして、移動することも人と会うこともなく、ネットやクラウドなどを利用して商売が成り立つのなら、経費や手間・人手などがかからない範囲でそれを拡大していったり利益を増やしていったりすることを考えてみてください。

こんな時代だからこそ、ネットやクラウドを活用した商売・仕事をすることが大事になっきます。ぜひ、やっていきましょう。

第６章

「ストック経営」から「フロー経営」へ転換する

事業において、ものをもう持たないようにする

この章では、危機が差し迫った状態において、「ストック経営」から「フロー経営」にいかに変えていくかという話をしていきたいと思います。

この章でいう「ストック経営」とは、設備などの固定資産や人手などを確保し、主にその設備・資産や人材をテコにして売上をあげていく方式です。このように会社を大きくし、売上や利益を増やしていくのは王道です。しかし、この時代に危機を乗り越えて小さな規模で経営をしていくのであれば、資産をテコにして売上を増やしていくのではなく、**何も貯めこまず、流れに身を任せて経営をしていく「フロー経営」のほうが相応しい**です。身軽な経営を行っていれば、環境が変わったときに、すぐに対応しやすいからです。周りの環境が激変して従来の事業の売上が激減してしまっても、フロー経営で身軽にしていれば、業態を変更するなど、自分が変わることで危機を乗り越えることが容易になるでしょう。

「ストック経営」から「フロー経営」にシフトしていき、危機や激変に対応していくためには、「ものを持たない」ことが大切になってきます。

工場や生産設備を持たず、生産を外部に委託する「ファブレス経営」というのが一時話題になりましたが、それと同じだと考えていただいていいでしょう。常識的には、ものづくりをするのであれば、生産設備を持つのがあたりまえです。しかし、あえて設備を持たない「フロー経営」でものを生産して販売していくことも可能なのです。

私のお客様で、手品用品を製造販売している会社がありますが、製品のアイデアを社内でつくり、設計はしますが、実際の製造はすべて海外でやってもらっています。売上の割に従業員はかなり少なく、製造設備はなく、倉庫が安い土地のところにあるだけですので、コストはあまりかかりません。新型コロナ危機で少し売上は落ちていますが、それまで安定して利益をあげ続けてきたこともあり、財務基盤は全く揺るがないものとなっています。

製造業以外のどんな事業であっても、「フロー経営」をしていくことは可能です。**「場所、設備、もの、人を増やさない」と決め、その範囲内で事業を行う**ことで、「フロー経営」が実現します。

極端に言えば、ものを何も持たなくとも、場所や人を持たなくても、事業を行って利益をあげ続けることは可能です。

「ワーケーション」という言葉を聞いたことがあるかもしれません。1週間や2週間など、リゾート地などで過ごしながら、合間に仕事をすることです。

また、地方の各地にオフィスとして使える場所（住居兼用もあり）を構え、時間を区切ってその場所を提供するサービスを展開している会社があります。このサービスを利用すれば、家や事務所が全くなくても、場所や環境を変えながら過ごし、仕事をしていくことは可能です。

これまでの常識では考えられなかったことが、あたりまえになっていく世の中です。その波に乗るというやり方もアリではないでしょうか。

最低限のものしか持たず、住所も不定なのに、ものすごく活躍している人も増えてきました。どこにいても、何もなくても、スマホ1台あれば仕事をして稼ぎ、生きていける世の中です。今までの常識を取っ払って、一度それが自分に実現可能かを検討してみてはいかがでしょうか。

会社の『必需品』も持たなくていい

「ものを持たない経営」の導入編をお伝えしましたが、少し具体的に見ていきましょう。

今の自分の経営の状況を考えて、「ものを持たない経営」が可能かどうか考えてみてください。まだ経営をしておらず、勤めている方ははじめから「ものを持たないフロー経営」で行くと決めていただければいいのですが、すでに経営をしている人は大変かもしれません。設備やもの、人を抱えてしまっている場合も多いでしょう。

そんなときには、「ゼロベース発想」です。何もないところから今後どうしていくか、ということを考えるのです。まずは、今持っている設備などの資産や人材がなければどうなるか、ということを考えてみます。

幸いなことに、今はＭ＆Ａ（企業や事業の売買）があたりまえになってきています。

あなたが事業を持っていれば、その事業を相応しいところに売却しそこで活躍してもら

う と共に、 あなたは売却金額を元手に新しいことをはじめる。 そんなことも可能です。 これだとゼロからはじめることになります。

事業の一部を売り渡し、 身軽になることも可能です。

私と同じ税理士事務所を営んでいる先輩は、 お客様の半分を他の税理士事務所にM＆A（売却） したそうです。 そんなことができるのかと、 直接お会いして聞いたところ、 お客様を売り渡すようなことになるので心は痛むが、 円滑に引継ぎをして身軽になったとおっしゃっていました。 その先輩税理士は、 会社に提供するソフトウェアを開発することが好きなので、 そちらに力を入れています。

表題と話が少しそれてしまいましたが、 言いたいことは、 **会社に必要だと思われるものを捨て、 身軽になってゼロからはじめても何とかなる、** ということです。

今すでに会社や個人事業の経営を行っている場合において、その仕事が自分に合わない、あまりやりたくない仕事をやってしまっている（そのようなことをはじめることに問題があるのかもしれませんが……）、 クレーマーやお客様との対応で大きなストレスを抱えてしまっている、もう辞めたい・しんどいなどという場合、無理をすることはありません。すべてを捨てて、ゼロからやり直すことも可能です。

そもそも現代社会において、「会社に必ず必要なもの」などありません。何もない状態からスタートすることも可能ですし、ゼロからネットを利用して少しずつ収益をあげていき、それを基礎にして買ってくれる相手を少しずつ増やし、経費をほとんどかけず利益をあげていくこともできます。

会社で必要となる『必需品』と言われてまず思いつくものは、人材ではないでしょうか。採用し、仕事をしてもらい、その人が稼ぐ金額と支払う給与との差額が会社の儲けになります。しかし、まずは自分でやればいいですし、手数が必要であれば外部に頼むことも可能です。安価でほぼ自動的にやれること（請求書の発行、経理、決済処理など）もどんどん増えています。**小さい企業が、あえて人に投資する必要はない**かもしれません。

次に、オフィスなどの設備があげられます。これも必要と言えば必要ですが、なくしても困らない場合も多いに違いありません。通信技術がここまで発達した今であれば、**スマ**

ホが1台あれば、すべての仕事を完結させることも可能です。逆に、はじめからそのように事業を設計してしまうことや、それができるような事業を選んだり考えたりすることが必要です。

その他、旧来の常識で、会社に必要なもの・会社の必需品はたくさんありましたが、極端に言えばそれらをすべて捨てたとしても、経営はやっていけるのです。こんなことを言うと批判を浴びてしまうかもしれませんが、時代は変わってしまったのです。新しいところに目を向け、常識を覆してみましょう。

私の周りでも、今まで会社に必要と言われたものをすべて捨てて身一つでやっている人はたくさんいます。ぜひ常識を取っ払って、ゼロから、ゼロのままはじめるような感覚でやってみてください。どうしても必要であれば、あとから増やせばいいだけです。

いつでも転換でき、やめられるようにする

今の時代のように、移り変わりが激しくて何が起こるかわからないような時代には、「いつでもやめられること」や「いつでも方向転換できること」がとても重要になってきます。日々の生活や家族の暮らしにおいてもそれが言えますし、会社や事業の経営においても、言えることとです。

前項でも少し触れましたが、「会社や事業のM＆A」があたりまえになり、これからもっと盛んになっていくでしょう。これまでは、会社や事業を育てていって大きくし、それを一生面倒見るような気概が必要だったかもしれません。しかし時代が変わり、そんなことは必要ではなくなっていきます。いつでも転換できる身軽さが求められるのです。

「会社をつくって売る」という発想も必要かもしれません。売らなくても、誰かに経営をしてもらう、自分は株を持ち配当だけもらうとか、事業のアドバイスをして報酬をもらうといった方法もアリでしょう。

一つの会社や事業を育てていくには、確かに時間がかかります。10年や20年やって、やっと一人前に育てることができるとも言えるでしょう。だから、一つのところに腰を据えて育てていくことは大切ですし、同じことをずっとやり続けることも大事です。ただ、それであっても、すぐに逃げられるようにする、売れるようにする、他の人に任せられるようにしておくことがこれからは大切になってきます。

もちろん、売ったり引き継いでいったりすることが絶対に必要というわけではありません。**一つのことを続けていってもいいのですが、「いつでも手放せる」くらいの感覚でいたほうがいい**のです。

まずは、自分が行っている事業を手放すことができるのか、売却することが可能なのか、誰かに引き継いでやってもらうことが可能なのか、といったことを考えてみてください。その準備ができたうえで、事業を自分が続けていくことが難しくなると予感するのであれば、事業を誰かに引き継ぐという選択もできるでしょう。そして、危機でも自分がやっていけるような事業を新たにつくることもできるはずです。

無形資産を貯めるのが、うまくいくコツ

「ストック経営」から「フロー経営」に移行していくにあたって、必要なことはたくさんありますが、そのうちの一つは「無形資産を貯めていく」ということです。

従来の考え方では、ものがたくさんあることが大切でした。例えば製造用の設備であったり、店舗であったり、オフィスであったり、オフィスに置く機械や装置、備品であったり。

これらは目に見えるものなので「有形資産」ですが、これからは有形資産よりも「無形資産」のほうが大事になります。形が見えないけれど役立つもの、経営に生かせるものをどれだけ増やしていけるか、ということです。

無形資産と言ってもピンとこないかもしれないので、例をあげておきます。

まずは**「脳」**。人は考えることが大切、ということです。事業を行うにあたって、考えて工夫をし、変えていくことがとても重要です。無形資産である脳は、動かして鍛えていき、使えるものにしなければなりません。読書や勉強など、経営と直接は関係ないことも常にやっていく必要があるでしょう。

次に、**「ノウハウ・スキル」**。経営をしていくにあたっては、最低限必要なスキル、ノウハウがあります。例えば簿記や会計の最低限の知識があれば、自分の会社がどのような状況に置かれているのか、ここからどうしていけばいいのかなどが理解でき、それをもとに進めていくことが可能です。

自社で扱っている商品に対する知識や、投資に関する知識なども大変重要になります。また、大きな会社であれば出た利益を再投資して会社を大きくしていくのですが、会社を小さいままやっていくという決断をした場合には、出た利益をどう運用していくかが重要です。その際に必要なのは投資のスキルです。

「地域住民や家族、親せきなどとのつながり」も大変貴重な無形資産と言えます。会社を経営している人はそれらをないがしろにすることもありますが、大切にすることが非常に重要です。見返りを求めたり、「経営の役に立つんじゃないか」などと考えたりして打算的にお付き合いをするのではなく、こちらが役に立つようにすることで、あとで結果的に恩恵を受けることがあるかもしれない程度（そんなことを考える必要もありませんが）に考えておけばでいいでしょう。

私のいつもお世話になっている不動産屋さんは、わからないことを教えてくれたり、物件を探してくれたり、いろいろな融通を利かせてくれます。何年も前からその不動産屋さんを通して物件を借りたりと、まずは自分がその人の仕事に貢献することで、あとからいろいろなことを教えていただくようになりました。非常にありがたい存在です。

なかなか人と会うことができない状況ですが、オンラインを駆使して、人とのコミュニケーションを維持していきましょう。

これから危機に直面しても問題なくやっていくためには、このような無形資産がとても大切になってきます。目に見えるものばかりを愛でて、ほしがり、取得するよりも、人のつながりであるとか、スキルや知識・ノウハウであるとか、考えることなどを重要視してずっと経営をやっていけば、必ずあとでそれが役に立つときがくるはずです。ものを溜め込まず、いい無形資産を貯め込んでいきましょう。

『全部オンライン経営』をする

新型コロナの影響で、感染拡大を防止するため、人と人が直接対面して、近い距離で長い間過ごしたり話したりするということがしづらくなりました。その結果増えてきたのが、言わずもがな「オンライン」です。

これまでの働き方を振り返ってみましょう。

まずは朝、会社に出社しなければいけないというのが常識でした。出社したら、自分の席が用意されていて、席に着いたら同僚や上司などと話をします。メールのチェックや返信、電話での連絡などが続きます。10時になったら会議がはじまり、結論がなかなか出ない会議が午前中いっぱい続いたりします。月曜日などは、会議の連続で、あまり自分とは関係のない会議に出席しなければいけないこともあるでしょう。

お昼休みは同僚と外でランチ。飲食店はどこも混んでいて、入って食事をしたらもう午後の仕事の開始時刻が迫ります。

午後は午後で、少し眠い中、いろいろな書類作成。課長、部長などのハンコを順番にもらいに回るなんてことがあったかもしれません。夕方前に出かけ、営業先に。営業先では雑談をし、いろいろな問題を解決するなどして、会社に帰ります。帰社したら日報を書かなければなりません。上司にいろいろと報告をし、叱られ、少し残業をする。

上司から「ちょっと一杯」と誘われ、気を遣いながら飲んで終電まで。酔っぱらいながらなぜか混んでいる最終電車で家に。駅からは遠いので自腹タクシーで帰り、おやすみなさい。また朝起きて準備をして、すぐ出かけます。

私はサラリーマン経験が10年しかないのでもうあまり覚えていませんが、このような過ごし方をしていた時期もあったように思います。

しかし、新型コロナの影響で「基本テレワーク、基本オンライン」に移行した人もいるでしょう。そして、その働き方で充分やれることがわかってしまい、これまでの概念がガラガラと音を立てて崩れはじめました。

中には、昔のやり方でなければ仕事ができないという方もいるかもしれませんが、もう時代は変わってしまいました。新しいやり方で充分可能なら、そのほうがコストもかからないし、面倒くさくないし、病気になる可能性も低くなり健康になるし、何より移動をしないことや都会で過ごす時間が短くなることによってお金がかからなくなります。そのうえで仕事が特に問題なく進むのであれば、全部オンラインでやってもいいでしょう。

経営をするにしても、同じことです。**移動しない、人と会わなくても仕事がスムーズにいくのであれば、それはそれで続ければいいですし、元に戻す必要もありません。**すべてをオンラインでやっていくことがコストダウンやリスクの低下につながります。いいことばかりです。人と会わないことで営業などに支障をきたすことはあるかもしれませんが、このような世の中になってしまったからには、対応せざるを得ません。無理に今までのやり方に投資したり、適応できなかったりすることでピンチを招いてしまうのです。

経営をするにあたっても、はじめから全部オンラインでやるという設計をすればいいでしょう。自分の作業や仕事、人とのやり取りはもちろん、サービスの提供などもすべてオンラインで行うのです。１人などの極小組織であれば、それは簡単にできると思います。時代に逆らうのではなく、時代に対応していくことが必要です。

6 吹けば飛ぶような軽い会社のほうがいい時代になる

これまでさんざん書いてきたように、このような危機が起こりやすい時代においては小さな会社のほうがリスクも小さく、潰れにくく、気楽に経営をすることができるでしょう。吹けば飛ぶような小さい、軽い会社のほうがいい時代になるのです。

その理由はこれまでも書いてきました。小さい会社であればすぐに方向転換が可能ですし、時代に合わせて変化していくこともやりやすいからです。

小さい会社ということで、対外的な意味や、環境に対する強さなどで不安を感じる場合もあるかもしれません。しかし、そのようなことを不安視する必要はありません。

新型コロナで危機に陥ったのは、大きな会社が多いはずです。飲食店は非常に厳しい状況になりましたが、特に大手チェーン店は厳しかったのではないでしょうか。倒産まではいかないですが、店を減らした大手飲食チェーンが結構ありました。会社四季報などで業績を見ても、飲食関係の大きな会社は軒並み赤字となり、かなり厳しい状況でした。

個人経営でも数店舗やっているような会社は非常に厳しい状況に置かれました。それでもいろいろな対策をしてしっかり事業を続けられているお店が多く感服に値しますが、しばらくは厳しい状況は続くはずです。

新型コロナ危機で比較的影響が軽微で済んだのはやはり1人でやっているような小さなお店でした。私の知人が経営しているカフェ（前著『きちんと稼げる「1人会社」のはじめ方』でも登場した1人カフェ）は、元々営業時間も短くしていたのですが、自粛期間が終わってからはさらに営業時間を短縮し、焙煎したコーヒー豆を売ることに力を入れていました。定期購入（サブスク）などの提供も行い、影響がないということはありませんが、それほど大きくはなかったようです。

株の投資などにおいても、やはり資産が多く、銘柄を多く持っている人は「〇〇ショック」のような暴落時に受けるダメージが大きいものです。それと同じで、事業を大きく展開し、多くの場所を使い、多くの人に働いてもらっている会社ほど、社会的なショックに弱いのです。

反対にごく小さな企業や事業は、ショックが起こっても対処がしやすく、ダメージが小さく、復活もしやすいと言えます。

最悪の状態に陥ったとしても、その事業をあきらめて他のことをやる、という方向転換がしやすいのは言うまでもありません。**やっていた事業で売上が減り、利益が出なくなってしまえば、それをあきらめて他のことをするしかありません。**それがしやすいのが、1人会社などのごく小さな企業・事業なわけです。

ショックはこれからも何度も襲ってくるでしょうし、浮き沈みが激しく、変化が大きい社会になっていきます。その中で生き残り、長い期間事業を続けていくために必要なのは、変化対応力です。

自動運転技術が急速に進めば、ドライバーが不要になることが考えられます。技術革新が急速に進めば、産業構造が急速に変わってしまうことも起こりえます。

もし自動運転の車だけになったら、ドライバーは必要なくなります。トラックが複数台連なって走るような技術（1台目だけにドライバーが必要）はもうできあがっているようです。運転をしないで車に乗っておく必要はしばらくあるのかもしれませんが、この技術が実用化されて安全性が確保されたら、単純にトラックドライバーが数分の1（10連走行であれば10分の1）になるということです。これは非常に大きな変化です。

このような変化が急速に進まないとは、誰も言えないはずです。仮にドライバーの仕事をしていたとしても、小さければ鞍替えも容易です。もし食べていけないことがわかったのであれば、その時点で他のことをするしかありません。

一つ例をあげただけですが、このようなことはどんな業界にも起こりえることです。ですから、いつでも変化に対応できるようにしながら、今やっている仕事がなくなることを想定し、今後の計画を立てていくことが必要になるでしょう。

第７章

人生設計に
基づき、
会社を設計する

人生計画なしの経営計画などあり得ない

さあここから、「1人経営」のような小さな会社・事業をつくっていくために、具体的にどのように考え、どのように計画をして実行していけばいいかということを考えていきましょう。まずは、経営計画ではなく「人生計画」について述べていきます。

経営をするにあたって、「経営計画」を立てることはもちろん必要となります。それがないと何をやっていけばいいのか、日々どう過ごせばいいのかが見えなくなります。しかし、ただ「経営計画」を立てればいいかというと、そうではありません。1人経営やごく小さい規模の経営においては、まず人生全体の計画を立てる必要があります。なぜかというと、人生の充実なしに経営の充実は難しいからです。

人生全体の計画を立て、そこから逆算して求められた金額を使って経営の計画を立てていく形になります。ここから具体的にやっていきましょう。

人生の計画を立てますが、ひとまず「死ぬ年齢」と「仕事をして稼ぐ年齢（年金以外の収入を得られる年齢）」を決めます。

「死ぬ年齢」というのは、誰も確定させることはできませんので、自分の感覚で決めていただいて大丈夫です。今40代から50代の人は、１００歳まで生きる可能性が充分ありますし、今20～30代であれば、１２０歳まで生きることもあり得ます。自分の健康度合いや希望などを考慮して「勝手に決めてしまう」ことが大切です。人間はいつ死ぬかがわからないわけですから、明日にでも死ぬかもしれませんし、１５０歳まで生きるかもしれません。なので死ぬ年齢を決めることは不可能です。自分が希望する年齢、こうだと思う年齢を勝手に決めるしかありません。

次に、「仕事をやめる年齢」「いつまで稼ぎ続けるか」「いつまで働くか」を決めます。要するに、いつまで収入を得ることができるかを決めなければなりません。死ぬまで働くというのであれば、はじめに決めた「死ぬ年齢」が、「仕事をやめる年齢」と一致します。「40歳でセミリタイアしたい」でももちろん大丈夫です。ただ、これまでのように、60歳で定年、その後悠々自適という概念はもうないですし、仕事の種類によっては、いつまでもできるものもあります。

大事なのは、「年金以外で収入を得られるかどうか、その収入はいつまで得られるのか」ということです。不動産投資とか株式投資などで永続的に収入を得られる予定なのであれば、それはそれで問題ありません。

例えば50歳まで必死に働き、そこからは不労所得で生きていくと決めたのであれば、仕事をやめるのは「死ぬ年齢」と一致することになります（死ぬまで収入を得られると決めたので）。

人生の計画にはいろいろなバリュエーションがあると思いますが、とにかく今、自分が考えている計画に基づいて「収入を得られる最終年齢」と「死ぬ年齢」を勝手に決めてしまいましょう。それが人生計画の基礎となります。

ただ、人生計画を決めても、絶対にそのとおりにいきません。極端に言うと、毎日軌道修正をしていかなければなりません。将来のことは不確実性が高すぎて、本来は決められないのです。

それに対応するやり方として、1年か、長くて2・3年程度の計画を立てると同時に、それ以上先のことは「夢」とか「希望」「願望」で決めてしまってもいいでしょう。1年くらいは見通すことが可能なのかもしれませんが、それより先のことを確実に決めることはできません。ですから、**自分がどのような方向に進みたいか、どんなことをしていきたいか、いつまで仕事をしたいかなどを、自分の願望や希望に基づいて決めてしまう**のです。

将来のことについては、綿密な計画は必要なく、大体で結構です。大枠を定めて、進む方向さえ決めていれば構いません。どうせ計画どおりにはいかないですから。会社だって中期経営計画で具体的な数字を出すのは3～4年先までですし、一般的に公開する業績予想は1年後くらいまでです。

とにかく、経営計画を立てるにあたって、まずは人生の計画や希望・願望などを明らかにすることが大切です。

死ぬまでの必要資金を計算する

「死ぬ年齢」と**「仕事をして稼ぐ年齢**（年金以外の収入を得られる年齢）**」**を決めたら、「年金の状況」を確認してください。これができれば、「死ぬまでに必要な資金」が計算できます。それをもとに経営計画を逆算で求めていく、という流れになります。

例えばあなたが今40歳で、死ぬ年齢を90歳、仕事をして収入を得る年齢を65歳と決めたとします。仕事をやめるまで25年、仕事をやめてから死ぬまでが25年という計算です。本当は、もっと仕事ができるでしょうし、せざるを得なくなるでしょうが、やや早めにリタイアしてゆっくりしたいパターンだと考えてください。

まず、**仕事をやめる年齢**（65歳）**から死ぬ年齢**（90歳）**までの25年間にいくら必要かを検討**します。例えば夫婦2人と考えた場合に年間いくら必要でしょうか。

「総務省統計局」のホームページに、家計調査というものがあります。それを辿ると、

２０１９年の平均の消費支出は２・２９人で24万７７３６円となっているので、月25万円、年間３００万円の支出とします。夫婦２人や単身であればそれほどかからないかもしれませんが、何が起こるかわからないのが人生です。少し余裕をもって考えます。

この数字から25年間の必要生活費を導くと３００万円×25年＝７５００万円となります。すごい数字ですね。

次に**年金の受給額を計算**します。現在のところ、65歳になると年金がもらえます。年金については、それまで加入して年金保険料を払ってきた状況によります。その状況は人によって大きく違うものですが、毎年誕生月に送られてくる「ねんきん定期便」に、現時点でいくらもらえるかが掲載されています。それを見て、今の年齢なども考慮し、自分で推定してみてください。年金受給開始年齢が70歳や75歳になるかもしれませんし、確実にあてにできるかと言われればそうではありませんが、少なめに見積もって計算してみてはいかがでしょうか。

例えば夫婦２人で70歳から毎月20万円もらえそう、というのであれば、年間２４０万円、70歳から89歳までの20年間に４８００万円ということになります。これを先ほどの必要生活費から引くと、7500万円−4800万円で2700万円となります。この数字を出すのがまずは大事です。

つまり、40歳の現時点から仕事をやめる65歳までの25年間で、2700万円を貯めましょう、というのが今計算で出てきた数字です。「老後2000万円問題」というのがありましたが、あながち遠い数字ではないですね。

これをもとに考えていきます。

投資などをしないとすると、25年間で2700万円ということは、少し余裕を見て、月10万円貯めれば到達（その場合3000万円貯められる）する数字です。月10万円は特に子育て世帯にはなかなか難しい数字かもしれません。現在の収入状況、家族状況、これからの仕事の予測などを踏まえながら、これを調整していきましょう。

例えば、どうしても月5万円（年間60万円）しか貯められない、というのであれば、**仕事をする年齢を繰り下げる**などの方法が考えられます。必要な2700万円を60万円で割ると45年ですので、85歳まで仕事をする、ということも考えられます。この場合は、ほぼ「死ぬまで働く」という状況ですね。

また、**仕事引退後の生活費を絞る**、という方法もあるでしょう。将来のことがどうなるかは誰にもわかりませんが、これから技術が発達していけば、いろいろなことにお金がかからなくなるかもしれません。節約し、生活費を大きく抑えることも可能です。

例えば毎月25万円のところを20万円にするだけで、25年間の生活費は６０００万円と、１５００万円も減ることになります。これであれば引退を65歳としても必要額は

いくら必要か考える

◯必要なお金
25万円／月 ×12カ月
×25年＝7500万

◯年金
20万円／月 ×12カ月
×20年＝4800万

◯足りないお金
7500万− 4800万
＝2700万

・貯蓄する
・仕事をする年齢を繰り下げる
・老後の生活費を絞る
などの対策が必要

◀90歳
（死亡）

◀70歳
（年金受給開始）

◀65歳
（仕事をやめる）

◀40歳

１２００万円となり、年間48万円（１２００万÷25年）、月４万円で済むことになります。

少し戻って２７００万円を貯めることが必要となったとしても、投資をして複利で増やしていけば、月10万円も貯めなくてもよくなる可能性はあります。複利のパワーはものすごくて、25年間も投資を続けられるのであれば、月４万円の投資を続け、年利５％で回していければ、25年で約２３００万円となります。預金をして利息がほぼない場合は、25年で１２００万円ちょっとしか貯まらないのですが、そのおよそ倍になるということです。

投資についてここでは詳しく述べませんが、世界全体の株式に投資する方法など、それほど難しくないやり方もあります。ぜひ学んでやってみてください。

ここではまず、全体の概要をお伝えしました。結論を言うと、いろいろと調整しながら、今後のお金についての人生設計をまずは立てましょう、ということになります。

基本は逆算。家計の計画から給与を決める

普通、経営をする場合、会社の経営数字をはじめに考えるものです。しかし、「1人経営」など、ごく小さい経営については、経営者本人の人生が経営にも直結していますので、まず家計や人生の計画を考え、そこから逆算をして会社経営数字をつくっていく、という形になります。そのうえでいろいろと調整して考えることが大事です。ここでは、その計算方法について、詳しく述べます。

経営計画の計算方法ですが、前著『社員ゼロ!会社は「1人」で経営しなさい』と『きちんと稼げる「1人会社」のはじめ方』でも述べていますので、読んでいただいた方には繰り返しになってしまいます。しかしこれはとても大切なことで、基礎中の基礎として頭に叩き込んでおいてほしいので、ここでも紹介したいと思います。

まず、前項で出てきた「仕事をやめる年齢までに貯める金額」を確認します。これが先ほどの例のように、今40歳で65歳までの25年間に2700万円貯めるとします。つまり年間108万円貯めることが必要、ということです。月9万円ですね。複利のパワーを使えばもっと安くすることができますが、ここでは預金で貯めるなどして利息がつかなかった、と考えます。

月9万円を貯めるためには、会社からもらう「役員給与」をいくらにすればいいのかを計算します。ここで出てくるのが**「3分の1の法則」**です。

「3分の1の法則」とは、会社からもらう役員給与（会社員でいう給料のことです）を、税金として3分の1、生活費として3分の1、将来への投資として3分の1に分割して計算しましょう、というものです。つまり、役員給与を30万円と設定したら、税金（所得税と住民税）と社会保険料で10万円くらいかかると考え、残り20万円をさらに生活費10万円＋将来への投資10万円に振り分ける、というものです。

今検討している例において、将来の投資必要額は月9万円でした。ここから逆算すると、役員給与27万円をもらい、税金などで9万円、生活費に9万円を充てることになります。

しかし、都会で生活し、家族もいる場合などは、その生活費ではなかなか難しいでしょう。こういった場合は、まず３分の１は税金として確保します。実際、役員給与が少ないほど税金の占める割合は低くなりますので、それほどかからないのですが、余裕を見て３分の１は税金などでかかると考えましょう。

そのうえで、残りの３分の２を生活費＋将来への投資に振り分ければＯＫと考えます。つまり、生活費が31万円かかってしまうのであれば、その31万円＋必要将来投資９万円＝40万円が、３分の２部分にあたるということになります。そうすると、税金を残り３分の１の20万円と

３分の１の法則

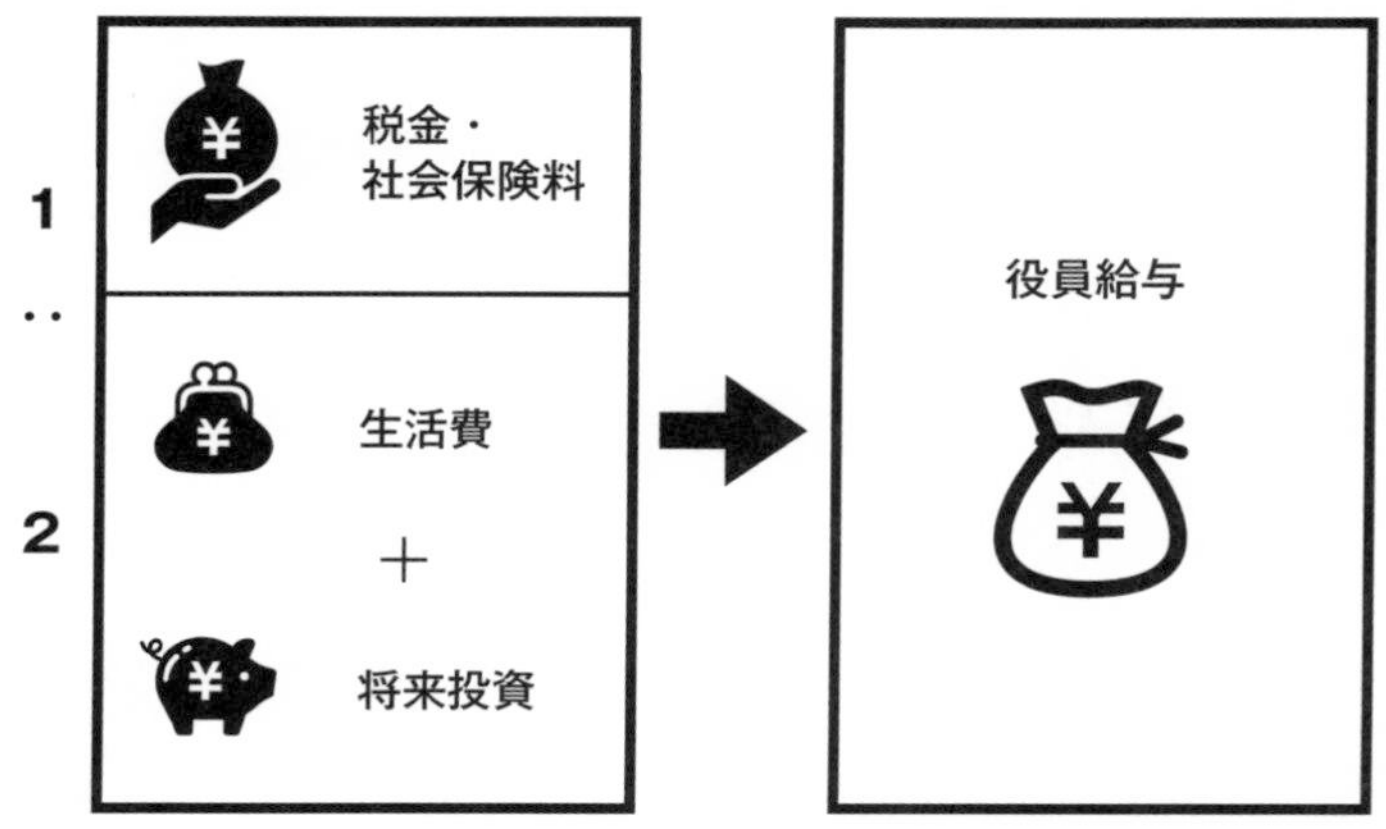

し、必要な役員給与は60万円、ということになります。

生活費の中で、子どもの教育費や住宅ローンなどもあるでしょうが、これらは「将来のために今先に払っているもの」と考え、将来への投資金額と考えることもできます。先ほどの生活費31万円のうちそれらが11万円あるとすれば、生活費20万円＋将来への投資20万円と考えられ、税金も20万円で役員給与60万円、という考え方もできます。つまり、死ぬ年齢と引退の年齢からはじき出された「貯めるべき金額」を確保したうえで、生活費と将来投資を一緒に考えてもいい、ということになります。

少しややこしくなってきたのでまとめます。

まず生活するために必ず必要な金額を、少し余裕をもって算出します。ときには旅行に行ったりすることもあるでしょうから、それらも含めて必要な生活費を計算します。そして、**人生計画からはじき出された「貯めるべき額」とその生活費を加算し、その合計（3分の2部分）の半分（3分の1部分）が税金・社会保険料になります。**

このように逆算して出てきた金額が、「必要な役員給与」ということになります。この「必要な役員給与」をもとに、会社の経営計画を考えていきましょう。

役員給与から利益・売上を逆算する

必要な役員給与は逆算で計算しましたが、会社全体の経営数字もその「必要な役員給与」から逆算して求めます。

先ほどの例で、必要な役員給与が60万円になったとします。このときに出てくる法則が、これも前著で述べていますが、**「４：４：２の法則」**です。**「粗利を、役員給与４、経費４、利益２に分ける」**というものです。詳しく説明していきます。

会社でまず必要なものは、売上です。売上がなければ利益が出ません。利益が出ないと資金が流入してこず、流出する一方になります。その状態が続くと、最終的には資金が尽きて会社をたたまなくてはいけなくなります。

ごく小さな企業においては、必要以上に売上を増やそうとしなくていいのですが、まずは売上を確保することを前提に事業をはじめていきます。

ただ、売上をあげるために必ず必要な費用、つまり「原価」がかかります。売上に比例してかかる費用（原価）があるとしたら、それを引くことによって、会社に入ってくる金額が決まるということになります。売上100をあげるために原価20が必要なのであれば、80が会社に入ってくることになります。この数字を「売上総利益」とか「粗利」などと言ったりしますが、これが大切です。

原価率が20％であれば、粗利率が80％となります。小さい企業においては、薄利多売的に粗利率が小さな売上を大きくしてしまうと手間がかかりすぎることから、なるべく大きな粗利率を目指したほうがいいでしょう。原価があまりかからない商売をして粗利率をあげることが大切です。

さて、**売上と原価を把握し、計画を立てたら、その粗利（売上－原価）を配分していく**ことになります。この配分という作業が、小さな会社においては大切になります。

その配分方法を決めるのが、「4：4：2の法則」です。先ほど書いたように、「粗利を、役員給与4、経費4、利益2に分ける」ことになります。

例えば粗利を1000万円得られたのであれば、もらってもいい役員給与は400万円、使ってもいい経費も４００万円で、残りの２００万円は利益として残していく、という計画を立てるのです。

ただ、この「４：４：２」の法則は、どちらかというと結果を評価するものではなく、計画を立てるときに使うものです。そして大切なのは、人生のお金計画から、必要な役員給与を求め、そこから逆算するということです。

前項で、必要な役員給与の一例として、月60万円という数字が出てきましたので、これを使ってみましょう。役員給与が月60万円ということは、使ってもいい経費も月60万円、そして残すべき利益が月30万円ということです。

４：４：２の法則

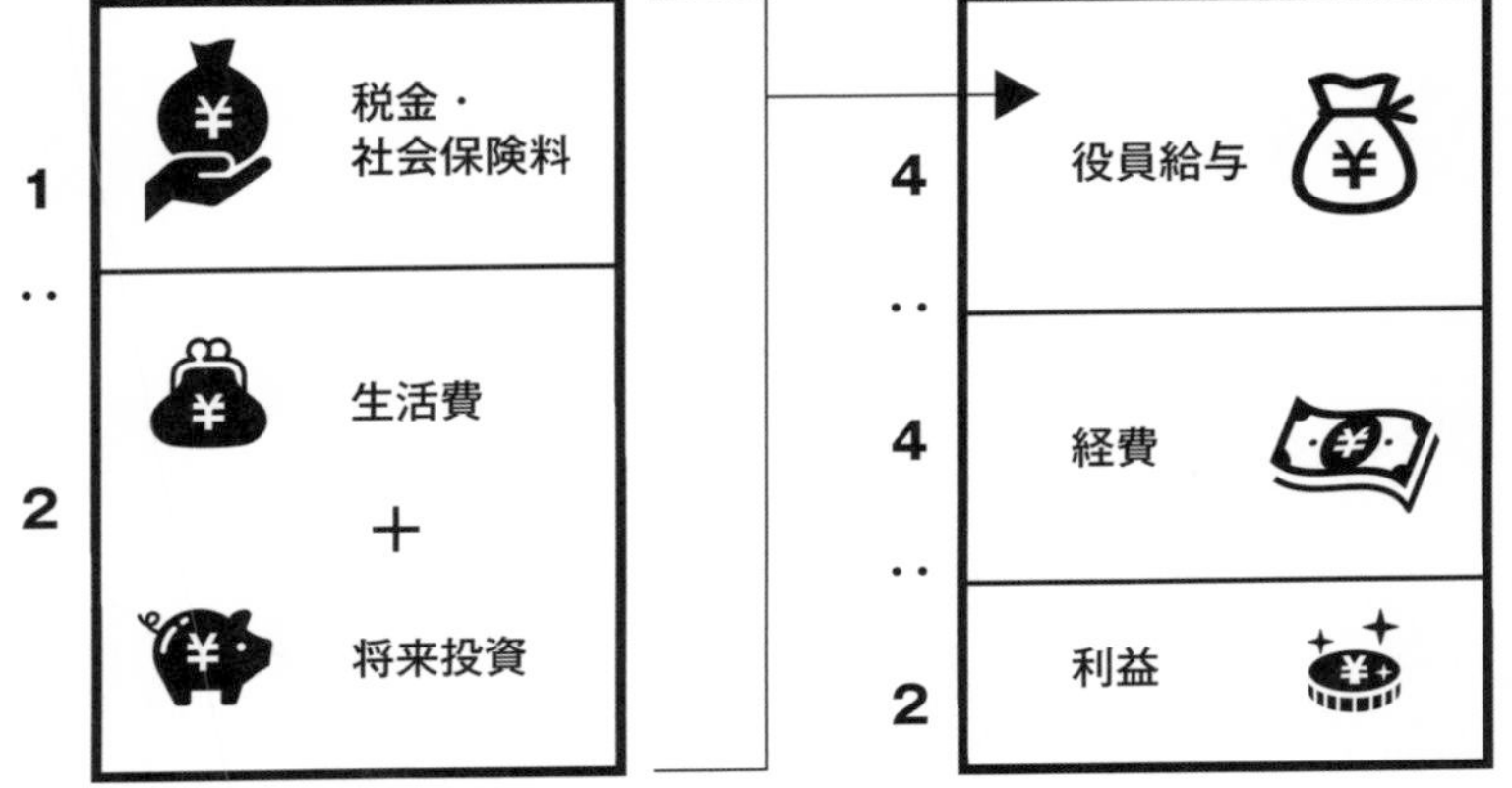

年に直すと役員給与720万円、経費720万円、利益360万円ということになります。そして、これらを足すと1800万円となります。これが必要な粗利、ということになります。

原価率20％であれば、必要売上は1800÷（1－20％）＝2250万円、つまり月商でいうと187・5万円、ということになります。

最終的に、必要な売上まで算出することができました。あとは、その売上をどうあげていくかを考え、実行していくしかありません。

この**売上をあげるのはどうしても無理というのであれば、まずは経費を減らすことを検討する必要があります。**もしくは、人生計画を再検討して役員給与を減らすことも考えられますが、経費を減らすほうが楽なのでそれをまず検討してみましょう。

その結果として、例えば3分の1の経費削減をして、経費を480万円に減らすことができたとします。その場合に必要な粗利は720万円＋480万円＋360万円＝1560万円となります。

必要売上は、原価率20％とすると１９５０万円となり、月商は１６２・5万円となります。もっとドラスティックに経費削減をすれば、必要売上はもっと大きく減っていきます。

もしできるのであれば、このように経費削減、それでも無理なら人生計画を見直して役員給与の削減をし、必要売上を減らしていきます。ただ、この場合も必ず利益は確保するように心がけましょう。できればはじめの計画の２割、もし難しければ修正後の計画の２割は利益を確保するようにしてください。

これが「４：４：２の法則」を使った経営計画の立て方になります。

いろいろと数字をいじくり、数字を守りながら、自分（の会社や事業）に合った計画を立ててみてください。そして、そのつくった計画を守って経営を続けることができれば、利益は大きく増えていき、会社として強くなり、余裕が出てきます。

5 売上をいかに最低限に設定するか

危機がいつ迫るかわからないような状況のときは、小さい会社で売上を最低限に設定して経営していくことが、存続可能な状態にすることへとつながります。前項で見たような経営計画を立てると共に、「売上をなるべく減らせないか」と考えることが大切です。

先ほどの例では、はじめに出てきた必要売上が２２５０万円でしたが、経費を見直すことで１９５０万円に削減しました。約13％の削減になります。このようにして、売上をいかに最低限に設定するかを検討します。結果的に売上が増えるのであれば、立てた計画を達成していることになるので、それはそれで構いません。**「最低限の売上でいい」という体制をつくることが大切**なのです。

売上を最低限にする計画を立てるためには、逆算して計画する方法を利用します。必要生活費や引退後の必要費用などを減らしていけば、おのずと必要な売上は減っていきます。

この章の第2項で述べた計画によると、引退後は年金だけで賄うことができず、引退時にある程度の資金が必要でした。巷でも「２０００万円問題」が取りざたされているように、老後のために資金が必要だと言われています。

将来を完全に見通すことは不可能ですが、会社の社会保険に加入して年金をある程度もらえるようにし、さらに引退したあとも死ぬまで仕事をして収入を得ていくという考えで計画すれば、さして資金は必要なくなります。

また、引退までの生活も、家族構成によって大きく違ってはきますが、節約をしたり、無駄なものを買わないようにしたりして生活していけば、経営計画における売上高は少なくて済むようになります。

仕事引退時に貯めておくべき金額がゼロ（その場合、高年齢化後の医療費や介護費など不安な部分もありますが）だとしたら、３分の１の法則の税金・生活費・将来投資のうちの将来投資がゼロとなり、役員給与の３分の２にあたる部分を生活費として計算することが可能です。

例えば必要生活費が月30万円、将来投資ゼロだとすると、概算の税金が15万円

（全体の3分の1）で、合計45万円（年間540万円）が必要な役員給与の金額になります。

そのうえで、会社における経費を節約します。経費を月10万円、年間120万円削減することができたなら、4：4：2の役員給与（はじめの4の部分）が年間540万円、経費（2番目の4の部分）がコストダウンにより420万円になりますから、役員給与と経費の合計が（4＋4＝8の部分）960万円となり、必要な利益（最後の2の部分）は240万円となります。

これらを全部足した数字が必要粗利で、この場合は1200万円となりました。原価率20％（粗利率80％）とすると、年間必要売上高は1500万円になります。このように、引退後の必要金額、現在の生活費など、会社経費を削減することにより、必要な売上を大きく下げることができました。

本当のところは、あえて生活費や経費などを削りに削って、節約人生、貧しい生き方をする必要などはありません。ただ、**「最低限これでいい」という計画を立てておくことで、安心して経営しいくことができます。**売上が計画を上回るのであればそれはそれでいいことです。

6

残った利益をどうすればいいか

引退後や現在の生活費や将来のための必要金額などから逆算して計画を立てるということは繰り返し述べてきましたので、わかっていただけたかと思います。ただ、一つ、疑問に思われることがあるかもしれません。それは、「会社で利益を粗利の20％必ず残せと言っていたけど、その利益はどうするのか？」という話です。

人生計画から算出された必要売上高が２０００万円、原価率25％（粗利率75％）で必要粗利額が１５００万円だとします。この場合、粗利の2割を利益として残すわけですから、３００万円が残ることとなります。ただ、当然のように税金がかかります。会社で払わなければならない税金は、法人税と地方法人税、事業税、都道府県民税、市民税など多岐にわたります。小さな企業の税率は低くなっていて、利益が８００万円までなら、利益に対してかかる税率は25％以下となっています。利益が小さければ、税金は25％と覚えておきましょう。そうすると、利益が３００万円の場合、かかる税金は75万円で、２２５万円は税引後に残る金額となります。この２２５万円をどうしようか、というのがここでの課題です。

この残った利益を使って大きくしていくというのが従来の株式会社（会社）のやり方です。つまり、この２２５万円を使って、人を雇ったり設備を購入したりしてどんどん事業を大きくしていくというやり方です。ただし、会社をごく小さいままやっていくというのが、新しい時代における方法ですので、小さな企業ではそれができません。

そこで運用していくことになります。

運用と言っても、いろいろなやり方があります。不動産を買って賃貸に出し、そこから定期的に収入を得るのもいいでしょうし、市場で株式を買う場合もあるでしょう。伸びそうな知人の会社に投資をするとか、エンジェル投資的に未公開の会社の株式を買って先行投資するのもいいかもしれません。

とにかくどんな方法でもいいので、会社で残った利益を運用していくことが必要です。

言ってしまえば普通預金に入れておくのも、利息は小さいですが立派な運用です。銀行一行あたり１０００万円以下であれば保護されますし、今のような混乱・危機状態においては、もしかしたらそれが一番いいのかもしれません。

私は法人で証券口座を開設し、そこで投資信託などを買っています。個人では株式を売買して投資をしたりトレードを行ったりしていますが、法人ではあまり考えないようにするため、世界全体の株式価格に連動する投資信託を毎月積み立てで購入しています。世界全体の人口はまだ増えていくので、あと10～15年は世界全体の経済は伸び、株価も伸びていくと見ています。

基本的に税金を払ったあとに残った利益は、どのような形であれ会社に置いておいて運用し、何かが起こったときにすぐ現金化できるようにしておきます。

最終的に、数十年後にこの会社をたたむとき、退職金としてもらってもいいですし、事業を本格的に行うことをやめた時点から年金のような形で会社から給与としてもらってもいいのです。この会社を後継者に引き継ぐ場合は、この現金が頼りになるでしょう。

このようにして利益を再投資せず、残していく。そしてできるのであれば、少しずつでも増やしていくのが、ごく小さな会社のやり方です。

どんな環境でも利益が出せる計画をつくる

会社経営においての被害として大きなものは、売上の減少です。売上がないと絶対に利益が出ませんので、利益を残して存続していくことも不可能となります。売上が大きく下がってしまう場合にどうするかを検討してみましょう。

売上が大きく下がってしまい、今後の見通しが立たない場合、会社の経営や数字などを見直し、現金などの流出をして大きな赤字を出すことは避けなければなりません。避けるためには、まず応急処置が必要となります。

応急処置にはいろいろとあり、やれることはたくさんあります。

まずは**無駄に流出してしまう経費を減らす**ことです。家賃交渉やロイヤリティ（技術を使う権利、営業をする権利など）を支払っているような場合は、その減額を交渉することが必要となるでしょう。

次に、**国や市町村から補助される給付金や補助金などは漏れがないように申請し、きちんともらう**ことが大切です。

２０２０年は、「持続化給付金」や「家賃支援給付金」などの制度ができましたが、それらの基準を満たすのであれば、必ず申請するべきです。申請は割と手間がかかりますが、人件費を補助してくれる「雇用調整助成金」などの助成金・補助金など、できるものはすべて申請します。

新型コロナ騒動のようなときには、お金を借りやすくなります。普段お付き合いのある銀行や「日本政策金融公庫」などに連絡をすると、いろいろな借り入れの制度を紹介してくれますので、利息が低いものを（必要であれば）借りることも検討してください。ただ、借り入れは必ず返さなくてはならないものですので、返済ができると見通せるのであれば借りてもいいですが、そうでなければ無理に借入残高を増やす必要はありません。

このようにして、お金の手当てを終えたら、次は「売上が大きく下がっても利益が出る体質」に会社を変えていくことが必要となります。

経費を極限までに減らしたうえで、他に得られる売上がないかどうかを必死になって考えます。極端に言うと、会社の不用品をメルカリなどで売ることも検討していいでしょう。それによる利益はほとんど出ないでしょうが、そのような**細かいことも含めて売上となるものを積みあげていく**ことが必要となるでしょう。

また、新しい社会様式においても売上をあげられるような工夫が必要となるはずです。飲食店であれば、テイクアウトや店頭での販売を行う店が増えていますが、このようにできることがあればすべて行います。

本業と関係ないことでも、自分ができることや得意なことがあれば、それを売上の候補として追加してもいいかもしれません。背に腹はかえられませんので、何でもやっていく、という気概が必要になるでしょう。

すべてが変わってしまうことを想像するのは難しいかもしれませんが、普段から売上が半減した場合や、既存の売上がゼロになってしまった場合などを想定して、そうなったらどう動くかを考えておくことがとても大切です。いつそれが起こるか、わからないわけですから。

第８章

欲を捨て、
自分の幸せを摑む

欲を捨てることがあらゆる面で大切になる

新型コロナ騒動のような状況に世の中が陥ったときに、大切なことや考えなければいけないこと、やらなければいけないことはいろいろとありますが、私は特に「欲を捨てる」ことが大切だと考えて動いてきました。その「欲を捨てる」ということについて、この章で考えていきたいと思います。

その前に、「欲」とは何か、少し考えてみたいと思います。

「人間の3大欲」は、食欲、睡眠欲、性欲とされています。これに学術的な裏付けはないらしいのですが、確かに多くの人はこれらの欲を盛んに持っていると思われます。睡眠欲を満たすことはそれほど悪くないと思いますが、食欲や性欲をむき出しにして抑制しないでいると、あまりいい結果にならない気がします。

これらの欲の他にも、多くの欲があります。これらの言葉が正しいかはわかりませんが、

「征服欲」とか「名誉欲」「金銭欲」「飲酒欲」「薬物摂取欲」などです。

小さい会社をずっと経営していくために大切なのは、「金銭欲」や「名誉欲」などをなくす、もしくは抑制して少なくすることだと私は勝手に考えています。

欲は人間を突き動かすためにはとても大切なものですが、ときに人間をダメにし、その人間が行う経営やお金に関することなどもダメにしてしまいます。

自分の欲のために会社のお金を使う人が多くいます。例えば接待交際費などを湯水のごとく使う経営者です。会食をすることや接待は確かに会社の経営をうまくいかせるために必要なことかもしれませんが、それが毎日続くと会社のお金は実質的に減っていき、潰れる可能性が増えるだけです。節税のために毎日飲み歩いていると豪語している経営者もいますが、税金が減ってもお金が流出し、残る利益が減るだけで意味がありません。そもそも毎日飲み歩くことが、代表者たる社長の体や精神を蝕んでいき、正常な心と頭で経営にあたれるのかどうか怪しいところです。

少し儲かってお金の余裕ができると、車に走る経営者も多くいます。好きなことをやるために頑張っているという考え方は否定しませんが、経営に関係のない高級車を保有することに何の意味もありません。車に関する経費（減価償却費など）が全額経費として認められるかどうかもわかりません。車が必要であれば、今やコンパクトカーでも機能的に充分な時代です。体を守る頑丈な車がほしいというのであれば、車に乗ることをやめればいいだけです。そのほうが安全です。

このように、**経営が軌道に乗ってくると欲を出し、いろいろな方向に会社や経営者が行ってしまうことが多い**のです。しかし、欲を捨て、同じことを繰り返していき、日々の生活を正常に保ち、節制をしながら毎日コツコツ生きることが大切です。

ここに書いていることは私の持論であり、勝手なものかもしれません。しかし、人生は長いですし、会社を経営していく期間も長いのです。私は、私欲を捨て、淡々と経営していくことが一番大切だと考えています。

2

欲を捨てれば、ラクになりうまくいく

多くの人は、「欲が金銭的成功や経営の成功の原動力」と考えているかもしれません。確かにその一面はあります。欲を持つことで大きな目標が生まれ、それを達成するための力になることは確かです。

ただ、誰もが金銭的成功を目指す必要はありませんし、経営の成功と言っても定義が不明確です。成功にもいろいろな形があり、私は、本人がそれでいいと思ったり、幸せであったりするならば、それが成功だと思います。必ずしも欲を大きく持つ必要はありません。

これまで論じてきているごく小さな規模での経営においては、欲を捨て、淡々と目標や計画を実行していくことが大切で、それができれば成功と言っていいでしょう。

私もこれまで、ごく小さな税理士事務所を15年ほど経営してきていますが、経営においての欲を捨て、小さな改善を積み重ねていき、今は自分なりにいい状態になっています。

実際にあることで売上が増えて、お金が入ってきたことはありましたが、なぜかそれで満足してしまい、特に何かを買ったりすることはありませんでした。逆に、お金が少し余分に入ったことで余計に引き締め、「これはたまたま」と思うことで余裕が生まれ、さらにいい方向に進むようになったと感じています。

私がかかわっている経営者の中には、大きな欲を持っている人がいます。それはそれで悪くないことですが、その**欲に関する経営判断を実行することで会社の状態が悪い方向に行くことが多い**のです。

また、経営をしていくにあたっては頭と心、体の健康が非常に大切です。欲まみれになると、それらが崩れてしまいます。例えば、食べるだけ食べれば、太ってしまい動きが鈍くなったり、病気をしやすくなったりします。多くの人と接すると、睡眠が減ったり、アルコールなどを過剰摂取してしまったりします。それらが総合的に頭や体を襲い、経営に悪い影響を与えてしまうのです。欲を捨てて体や心、頭をクリアに保っていくことがとても大切だと言えます。清廉潔白、純真な心で、フラットに経営を見たり俯瞰したりして物事を考え、目標を立て、実行していくことが大切です。

お金をかけずに生きることがこれから大切になる

ほとんどの人は、お金は多くあったほうがいいと考えているでしょう。私もそう考えている部分はあります。確かにお金がたくさんあれば余裕が生まれますし、経営をするにあたってはとてもいいことです。

しかし、これからはお金だけを追うのではなく、お金をかけずに生きていくことが大切になり、経営においてもそれは同じだと考えています。

技術の発達や感染対策などで人があまり必要でなく、これまでと比較して人の行動が減る世の中になるでしょう。

このような世の中になると人が余ってしまうと考えられますが、例えばベーシックインカム（最低限所得保障）の導入などによって、仕事をしなくても生きていくことができるようになるとも考えられます。

経済全体の規模は縮小していくでしょうが、その縮小した中で贅沢をしなければ充分生きていける範囲が広がってくるはずです。社会全体の所得ももちろん下がっていくはずですが、物価もそれに比して下がり、貧富の差をなくそうとする方向に世の中が動き、生きていくこと自体は難しくなくなると考えられます。

その中で多様性や創造性を生かした仕事に就く人が増え、自宅内でその仕事が完結することも増え、「ある程度稼げて、贅沢をしなければ生きていける」という世の中になるのではないかと見ています。

その分単身家族が増えてしまうので、人口は増えずに消費が停滞して全体的にはしぼんでいく流れにはなりますが、人々の意識がそれまでの拡大志向から縮小思考に変わることで、「それなりの生き方を自分で探して生きていく」という人が増えていく気がします。そうなると、お金もあまり必要でない人が増えていくと考えられます。

わざと無駄な出費をしている人はほとんどいないでしょうが、どうしても世の中に流されて生きていると余計な消費をし、お金が足りない状況になるのです。

収入の範囲内で生きていけるようにすることは大事ですし、これからは「あまり求めない人」も増えてくるはずです。　お金がなくてもどう生きていくかが模索される流れになります。

生活にお金があまり必要でなくなると、経営においても売上や利益などはそれほど多く必要ではなくなります。生活費や将来の必要資金から経営数字を逆算してはじき出すというのが、規模の小さい経営において大事なことなのでそれは当然です。

生きていくためのお金があまり必要ではなくなり、その結果売上などの数字を大きくしなくてもいいというのであれば心に余裕が生まれ、頭や体の健康も保ちやすくなります。その結果として多くの人が長く人生を楽しめるような世の中になればいいと思っています。

お金をかけずに人生を生き、お金を求めずに経営をしていきましょう。

『ニート経営』を目指す

「ニート」という言葉は普通に使われるようになったので、多くの人が意味を知っているでしょう。「働かずに家でのんびりしている」ような若者を指すというのが一般的な解釈かもしれません。

この「ニート」をポジティブな意味でとらえ、積極的にニート化して生きていく人がいます。働くことだけが人生ではなく、労働をしなくても生きていける人です。

あまり悪い意味でとらえず、「ニートで生きていく」ことを積極的に考えてもいいのかもしれません。ここでは、「ニート」を生かしてうまく経営していくことを考えてみましょう。

その前にまず、社長の役割を考えることからはじめましょう。

1人や2、3人で経営している会社など、ごく小さな会社においては、社長は「投資家兼経営者」ということになります。一定の金銭を会社に投資して、そこからリターンを得るのも株主としての社長本人ですし、その株主である本人から委託されて経営を行うのも社長です。ただ、経営を行うと言っても、ごく小さな会社においては、経営者＝労働者（筆頭労働者）となることがほとんどでしょう。社長が営業をしなければなりませんし、商品の製作も社長１人がやる場合も多いでしょう。総務経理なども、もちろん社長がやります。その場合、経営者といえども完全に労働者になっています。

小さな会社の経営者が株主という立場から離れ労働者になりきってしまうと、周りや全体が見えなくなり、突っ走ってしまった結果うまくいかないことが多くなります。投資家として、この投下した資金を回収できるかどうか、リターンを得られるかどうかを俯瞰して考える必要があるのです。

社長は本来、会社を広い視点で見て、全体をコントロールする必要があります。そして、会社をいい方向にもっていくことが必要です。だからこそ、社長は労働者の立場を離れ、大局観をもって方向性を決定していく存在であるべきです。それを実現させるためには、**実務を他の人に任せたりＡＩなどの技術を活用したりして、「働かない」ことも大切**と言えるでしょう。

また、科学技術がここまで発達してきて、これからも加速度的に発達する世の中においては、「働かない」ことを目標にしたほうが、いい結果が得られる場合も多いはずです。探求し、深く掘り下げることも大切ですが、穴に入り込んでしまったら外の流れを見ることができません。ＡＩや自動化などの技術を利用し、労働にかける時間を減らしたうえで、社長兼株主として大局的に外側から見ることも必要です。

社長は「労働者」であることだけにこだわってはならず、「株主」として会社をどういう方向にもっていくかを常に考えながらやっていく必要があります。そういう意味で、「労働をしない」ニート的とも言える発想が必要となるのです。

新型コロナ危機のような状況においては、これまでやってきたことや、これまでの考えを捨てる必要があります。世の中が大きく変わってしまいましたし、これからも大きく変わることがあるかもしれません。しかしこれは、逆に変わっていくチャンスでもあるのです。意識を変え、計画を立て、実行をしていけば、危機においても全く動じることなくいい会社を永続的に経営していけるようになるでしょう。

おわりに

２０２０年は、オリンピックが日本で開催されるはずの年でした。日本が大きく盛りあがり、経済効果も相まって、景気はしばらくよくなると思われていました。

しかしご存知のとおり、新型コロナウイルスのせいでオリンピックや各種の大会などが中止になり、飲食業や旅行・宿泊業などを中心に会社の業績が悪くなって、赤字の会社が大きく増えました。私は会社四季報を読んでいますが、赤字になったり売上高が大きく減ったりした会社がいかに多いか実感しました。

そんな中、「個の時代」がきた感があります。

多くの人と触れ合うことが難しくなり、その状態は続くでしょう。もうこれからは、なんでも1人でやっていくという気概が必要となる場面が多くなるに違いありません。

もちろん、会社組織などに属しながら自分で考え、工夫し、自分を磨いていってその組織に貢献し、そこから報酬を得るという方法もあります。その一方で、自分1人で会社を興すなどして、自分のサービスや商品をつくり、そこから報酬を得て生きていくということも必須になります。会社組織に属しながら1人で何かをやっていくことを、全員が考えなくてはならなくなるでしょう。

2020年10月、みずほフィナンシャルグループが「週休3日制」「週休4日制」を選択可能とすることを発表しました。週休3日や4日であれば、もちろん比例して給与は減りますが、自分で会社での労働にかけるウエイトを選べることになります。これはかなり革命的なことだと思います。今後もその流れは加速していくことでしょう。そうなると、休みになり余った時間で自分の事業をしやすくなってくるはずです。

会社から報酬をもらう一方で、自分が興した事業で自分の商品やサービスを売っていくことがあたりまえとなる世の中になるはずです。リストラにおびえるだけでなく、社会が変わることを前向きにとらえることが必要となります。

こんなときだからこそ、小さな会社や1人会社が大事になるのです。1人で商品・サービスをつくり、1人で売り、1人で利益をあげていく。そして1人で投資したものから利益を生み出して投資金額を増やしていく。そんなことがあたりまえにできる時代になっていきますし、やらなければならないとさえ思います。

２０２０年は新型コロナウイルスの年として記憶されそうですが、新しい時代がはじまった年かもしれません。ぜひ、危機に怯えるだけでなく、新しいチャレンジをはじめてみてください。そしてすでにはじめている人は本書を参考にして、いい方向に変えていってもらいたいと強く思います。

私も変わっていきます。頑張っていきましょう。

山本 憲明

■著者略歴

山本　憲明（やまもと・のりあき）

1970年兵庫県西宮市生まれ。税理士、中小企業診断士、気象予報士。
山本憲明税理士事務所代表。H&Cビジネス株式会社代表取締役。

1994年（平成6年）早稲田大学政経学部卒。
大学卒業後、大手制御機器メーカーで、半導体試験装置の営業・エンジニアと経理を経験。10年半の会社員生活ののち、2005年、山本憲明税理士事務所を設立。

現在は、少人数で効率的な経営を行いたい経営者をサポートし、その経営者がお金、時間、（家族など）人との関係の全てにバランスが取れた楽しい経営が実現できるよう、実践と勉強に励んでいる。また、「仕事を速くする」技術を発揮し、本業のかたわら、各種投資や馬主活動、少年野球指導なども行っている。

代表的著書
『「仕事が速い人」と「仕事が遅い人」の習慣』（明日香出版社）
『社員ゼロ！会社は「1人で」経営しなさい』（明日香出版社）
『朝1時間勉強法』（KADOKAWA）
その他著書多数（累計24作、54万部）

本書の内容に関するお問い合わせは弊社HPからお願いいたします。

危機でも大丈夫！「小さな会社」のつくり方・変わり方

2021年　1月　24日　初版発行

著　者　山本憲明
発行者　石野栄一

明日香出版社

〒112-0005 東京都文京区水道2-11-5
電話（03）5395-7650（代表）
（03）5395-7654（FAX）
郵便振替 00150-6-183481
https://www.asuka-g.co.jp

■スタッフ■　BP事業部　久松圭祐／藤田知子／藤本さやか／田中裕也／朝倉優梨奈／竹中初音
BS事業部　渡辺久夫／奥本達哉／横尾一樹／関山美保子

印刷　株式会社文昇堂
製本　根本製本株式会社
ISBN 978-4-7569-2125-3 C0034

編集担当　久松圭祐

社員ゼロ！
会社は「1人」で経営しなさい

ISBN978-4-7569-1935-9
B6判　208ページ
1500円＋税

社員を雇わず一人で経営し、成功するための方法を税理士視点からまとめました。
会社を大きくせずに、一人で経営することのメリットがわかります。
ムリのないや先を見通した経営計画の立て方と心得を説きました。

社員ゼロ！きちんと稼げる「1人会社」のはじめ方

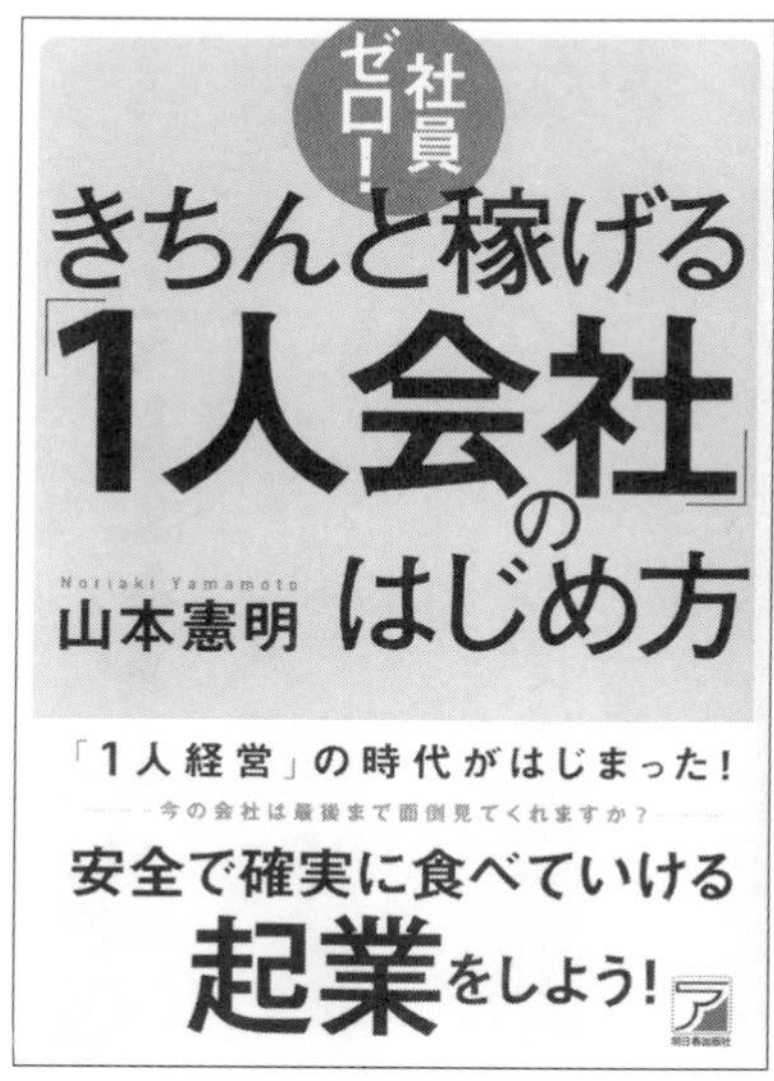

ISBN978-4-7569-2052-2
B6判　248ページ
1500円＋税

サラリーマンとして働いているが、この先独立して自分自身で食って生きたいと考えている。でも、失敗するかもしれないし不安だ……という方は多いでしょう。でも大丈夫。身の丈に合った堅実な働き方が成功の糸口です。独立・起業をめざして、どのように進めていけばいいか、どのような志をもっていればいいかなどをまとめました。

「仕事が速い人」と「仕事が遅い人」の習慣

ISBN978-4-7569-1649-5
B6判　240ページ
1500円＋税

同じ仕事をやらせても、速い人と遅い人がいます。その原因はいろいろです。

仕事の速い人、遅い人の習慣を比較することで、どんなことが自分に足りないのか、どんなことをすればいいのかがわかります。著者の体験談とともに50項目で紹介します。